121 cançons i 1 hotel

Històries de la banda sonora de la nostra vida

121 cançons i 1 hotel

Històries de la banda sonora de la nostra vida

Olga Suanya

Pròleg de **Salvador Cardús**

símboleditors

Disseny de la coberta: Enric Boix (www.enricboix.com)

Primera edició: març de 2021

@simbol_editors
www.simboleditors.cat

ISBN: 978-84-15315-95-7
Dipòsit legal: B 1797-2021

Imprès a Catalunya

A tots els qui m'heu acompanyat
i patit en aquest viatge.

Pròleg

Quan la xarxa precedeix el paper

Què té a veure el naixement de la criatura de la família jueva Strauss, dedicada al tèxtil, el dia 26 de gener de 1828 al petit municipi de Buttenheim —llavors, encara al Regne de Baviera i que fins al 1871 no quedaria annexionat a l'Imperi alemany— amb la cançó «Mad about the Boy» dedicada a l'actor Douglas Fairbanks Jr., i composta el 1932 pel dramaturg i músic Noël Coward, nascut el 1899 a Teddington, un petit suburbi de Londres? Què té a veure la creació, el 1872 a Riga (Letònia), dels texans que usaven els miners amb reblons metàl·lics per reforçar-ne les butxaques amb la versió que Dinah Washington va fer de la cançó de Coward el 1952? I què té a veure la pel·lícula nord-americana *The Swimmer* de 1968 protagonitzada per Burt Lancaster, amb l'anunci dels pantalons Levi's de 1992? I, sobretot, què té a veure tot amb tot?

L'estrany enigma que plantegen aquestes preguntes –i que he triat maliciosament perquè el lector no el trobi en el llibre que té a les mans–, no el desvelaré fins al final d'aquestes línies. Però sí que ara mateix li'n donaré una resposta alternativa i ben concreta: es tracta d'una de les històries resultat d'una idea fantàstica convertida en un projecte executat de manera brillant. Parlo del blog Chelsea Hotel i d'Olga Suanya. El projecte, descrit amb l'eslògan «Una efemèride. Una cançó. I la història que les connecta», que al llarg del convuls 2020 va presentar 366 relats i que ara recull parcialment aquest volum amb una selecció de 121 temes.

El projecte d'Olga Suanya –i del qual em va parlar l'amic Quim Benavent de bon començament– era realment intel·ligent: lligar una cançó amb el seu context històric i social a través d'un breu relat informatiu. Es tractava, en definitiva, d'afegir memòria col·lectiva a cançons de les quals, en general, només en tenim una memòria personal. Tots sabem fins a quin punt la música, i les cançons en particular, té una enorme força evocativa. Les cançons ens transporten a èpoques, a llocs, a ambients i situacions i, sobretot, ens vinculen a persones d'una manera inesborrable. Fins i tot quan acabem perdent la memòria, la música és allò que resta definitivament viu, com ho van demostrar de manera emocionant els germans Black en el disc *Our Time Together* (2004) acompanyats de la seva mare cantant «A Bird in A Gilded Cage». Tanmateix, ens és poc usual que les cançons ens situïn en el temps social, cultural i polític en què van ser creades o popularitzades. Doncs bé, aquest és el resultat del blog Chelsea Hotel: afegir memòria col·lectiva a les cançons que tenim guardades a la memòria personal.

Aquest projecte brillant, a causa de la seva mateixa originalitat, podia haver quedat en un intent resolt a mitges, o fins i tot frustrat per l'enorme dificultat que presentava i l'ambició amb què s'emprenia. Tanmateix, Olga Suanya va imaginar-ne una execució genial. En primer lloc, el suport principal en va ser un blog amb un títol que ja convocava de manera intergeneracional els que estimem les cançons. «Chelsea Hotel #2» és una cançó de Leonard Cohen, sí, però sobretot és un hotel, un *lloc de memòria* —en el sentit profund que l'hi dona l'historiador francès Pierre Nora— per on van transitar incomptables músics i on es van viure històries excepcionals —apassionades, tràgiques, sobretot creatives...— que van donar lloc, sovint allà mateix, a algunes de les millors cançons que coneixem.

El segon gran recurs amb què ha comptat el blog Chelsea Hotel ha estat el de recórrer a les principals xarxes socials disponibles —Twitter, Facebook i Instagram—, i finalment fer disponible tota la llista de cançons a Spotify. I, és clar, completar la informació amb enllaços a altres dades i versions musicals. Un treball fet amb una precisió de rellotgeria. És una obvietat afirmar que només fa deu anys hauria estat pràcticament impossible dur aquest projecte a la pràctica i que tingués una bona recepció. Tal com ha dit James Altucher, hi ha un abans i un després de la banda ampla —un *before bandwidth* i un *after bandwith*— en el món en general, però en el de la cultura en particular, gràcies a la generalització dels terminals intel·ligents i de la rapidesa en la transmissió de dades. I el blog Chelsea Hotel només era imaginable en un entorn comunicatiu com l'actual i dut a terme per qui s'hi podia moure amb agilitat i bon ofici.

De virtuts, el projecte d'Olga Suanya en té moltes més. Per exemple, la varietat i amplitud d'estils, èpoques i territoris, fet que demostra un gran coneixement del món de la cançó, més enllà de la seva pròpia experiència personal. Només això ja mereixeria una descripció detallada. Però n'hi ha una, de virtut, que penso que ha estat determinant per a l'èxit del projecte: la regularitat d'oferir una cançó diària, tot un any, fins a tenir-ne 366. L'any no ha estat propici a fer les coses fàcils, però al costat de tant de trasbals el blog Chelsea Hotel s'ha mantingut com a expressió d'estabilitat, de constància, de serenitat. De fet, Chelsea Hotel, potser involuntàriament, però de manera ben oportuna, ha estat al costat del paper que ha fet la música en tots aquests mesos a l'hora de fer companyia en les llargues hores de confinament i d'espantar les incerteses i les pors: «qui canta, els mals espanta...».

L'interès del blog Chelsea Hotel es demostra per les conseqüències inèdites que ha tingut i que estic segur que encara no han acabat. D'una banda, s'ha transformat en aquest volum a partir de la selecció d'un terç de les cançons i històries publicades. Passar de blog digital a llibre en paper pot semblar una reculada des del punt de vista de la direcció en què es mou la comunicació. Però, tot al contrari, estic convençut que és la demostració fefaent de la solidesa d'un contingut que ha transcendit la immediatesa de la xarxa, i que demanava un suport estable en paper per ser gaudit amb la mateixa disposició, per dir-ho així, de qui recupera el disc de vinil per tornar a escoltar les cançons «com abans». Però, a més del llibre, Chelsea Hotel també ha merescut l'atenció de les ones, i ja és un espai radiofònic setmanal a RAC+1. Un altre «pas enrere», ara des de les xarxes al núvol? No. Torna a ser el mateix: la potència de la idea reclamava a crits aquest suport amplificador de la ràdio. I si dic que podria ser que no fos el final del recorregut del blog Chelsea Hotel és perquè si jo fos programador televisiu, hi veuria una gran col·lecció de clips que explorarien no tan sols el vídeos de les cançons sinó també les imatges suggerides per les efemèrides a què Olga Suanya les vincula.

I, finalment, aquest prologuista no es pot estar de dir que voldria veure la continuïtat del Chelsea Hotel. De cançons i d'efemèrides, certament, no en falten. Jo mateix proposaria una llarga llista de cançons que mereixerien ser incorporades al seu propi lloc de memòria col·lectiva. En posaré un exemple. M'agradaria que es repetís allò que em va passar a propòsit de «Time after Time», vull dir que, essent un devot de la versió d'Eva Cassidy, el blog em sorprengués descobrint-ne l'autora, Cindy Lauper, i la seva versió original de 1983. A part, és clar, de la vinculació de la cançó amb el jugador de bàsquet LeBron James. Una altra història enigmàtica que el lector també haurà d'anar a buscar a l'inacabable blog de les sorpreses d'Olga Suanya.

Per cert, m'havia compromès a explicar què tenen en comú tots aquells fets que a l'inici del pròleg quedaven vinculats a «Mad about the Boy». Però, per no espatllar la subtil teranyina amb què Olga Suanya els sap atrapar, només els diré que el nom de la criatura dels Strauss nascut el 1828 era Levi. I que la cançó de Noël Coward cantada per Dinah Washington es va popularitzar amb l'anunci dels texans Levi's en què es manllevava la idea en què es basava la pel·lícula *The Swimmer*. Per a als detalls, és clar, *https://chelseahotel.blog/ca/mad-about-the-boy/*.

SALVADOR CARDÚS I ROS

Nota de l'autora

El volum que teniu a les mans és una selecció de 121 de les 366 cançons que conformen el Chelsea Hotel, el blog que durant l'any 2020 vaig anar alimentant diàriament. Si triar 366 cançons ja va ser difícil, escollir-ne ara 121 per incloure-les en aquest llibre tampoc no ha estat feina fàcil. Hi ha tantes bandes sonores de la nostra vida com vides hi ha i, per tant, qualsevol tria és subjectiva i, ja se sap, cada opció que es pren és una renúncia. Hi ha moltes cançons que formen part de la nostra vida: les que ens fan pensar en persones que estimem, en amics que ja no hi són, en indrets on hem estat; les que ens transporten a moments feliços..., però aquesta no és una tria de les cançons de la meva vida, sinó de la nostra vida. I això, que és vàlid per a les cançons, també ho és per als fets, efemèrides o episodis de la història escollits. Ni el blog ni aquest llibre tenen vocació d'esdevenir una proposta de cànon musical, i molt menys de reflectir-hi tots els fets històrics que mereixerien ser-hi: és, simplement, una invitació perquè a través de la música coneguem millor la història i també a la inversa. Us convido, doncs, a endinsar-vos en les històries que s'expliquen aquí i a acompanyar-les de la banda sonora que trobareu a la llista d'Spotify *121 cançons i 1 hotel.*

1

A CHANGE IS GONNA COME
Sam Cooke

20 de gener de 2009. Barack Obama es converteix en el 44è president dels EUA.

Sam Cooke va publicar «A Change is Gonna Come» pocs mesos abans de morir assassinat. Les versions del tràgic episodi ocorregut aquell 11 de desembre de 1964 al motel La Hacienda de Los Angeles són moltes, però la que sembla més probable i versemblant és la següent: Cooke va anar al motel amb una jove amb la intenció de passar-hi la nit junts. La parella va arribar-hi de matinada i, després de registrar-s'hi com a Mr. i Mrs. Cooke, va anar a l'habitació. Al cap de mitja hora, però, aprofitant un descuit del músic, la noia li va robar la cartera i va fugir emportant-se tota la seva roba. En adonar-se'n, ell va començar a perseguir-la pels passadissos fins a la recepció. Allà, l'encarregada, espantada en veure aquell home negre corrent despullat, en un moment de confusió, va agafar l'arma que tenia sota el taulell i va disparar. Quan els agents de la policia van arribar, se'l van trobar mort mig ajagut a terra. Anava totalment nu i algú l'havia cobert amb una jaqueta que amagava un tret al pit i ferides per tot el cos. Tenia 33 anys.

Després d'aquest tràgic episodi, el darrer tema enregistrat per Cooke va revifar entre la comunitat afroamericana, que el va convertir en un himne del moviment de defensa dels drets per la igualtat. El contingut reivindicatiu i esperançador de «A Change is Gonna Come» va guiar l'activisme de molts joves que es mobilitzaven per aconseguir el canvi que anunciava la cançó.

I finalment aquest canvi va arribar. Va ser quaranta anys més tard, quan el 2009 Barack Obama va convertir-se en el primer afroamericà que assolia la presidència dels Estats Units. Aquell somni que semblava impossible es va fer realitat. I Obama no va voler perdre l'oportunitat de recordar la cançó que ho vaticinava des de feia gairebé mig segle. Per això, en el discurs que la mateixa nit electoral va oferir davant les més de 100.000 persones congregades al Grant Park de Chicago per celebrar la victòria demòcrata, el president electe va triar les paraules següents parafrasejant el tema de Cooke: «It's been a long time coming, but tonight, because of what we did on this date in this election at this defining moment change has come to America» (Ha trigat molt a arribar, però aquesta nit, per això que hem fet en aquesta data, en aquestes eleccions, en aquest precís moment, el canvi ha arribat a Amèrica).

2

AMERICAN PIE
Don McLean

3 de febrer de 1959. Buddy Holly, Ritchie Valens i The Big Bopper moren en un accident aeri.

El 3 de febrer de 1959 una avioneta privada es va estavellar a Clear Lake (Iowa) poc després d'enlairar-se. Es dirigia a Fargo (Minnesota) i hi viatjaven Buddy Holly, Ritchie Valens i The Big Bopper. Tots tres havien de fer un concert l'endemà a Moorhead, una població a pocs quilòmetres de la destinació on l'aparell mai va arribar. Els passatgers i el pilot van morir a l'instant, i aquella jornada fatídica ha passat a la història com «el dia que va morir la música».

La data de l'accident, Don McLean tenia només 13 anys i feia de repartidor de diaris amb la seva bicicleta. Era un gran seguidor del rock-and-roll que feia Buddy Holly en aquella època i quan va llegir la notícia a la portada d'un dels exemplars del dia va quedar commocionat. Una dècada més tard, quan McLean intentava fer-se un lloc en el panorama musical, va recuperar aquell episodi que tant l'havia impactat i el va convertir en l'ànima d'«American Pie». La peça ben aviat es va convertir en l'himne de tota una generació i va ser tan gran el ressò que va tenir que anys més tard l'Associació de la Indústria Discogràfica dels Estats Units la va definir com «la cançó del segle».

Agafant aquella tragèdia aèria com a font d'inspiració inicial, McLean va escriure un tema èpic, de més de vuit minuts de durada, que recull la història del rock-and-roll dels anys cinquanta i seixanta. Al llarg de sis versos, l'autor fa un repàs d'experiències personals, que combina amb esdeveniments mundials i amb la transformació de les tendències musicals. El resultat final és un relat a pinzellades de la vida d'algú que comença l'adolescència de forma molt optimista, passa per una joventut rebel i arriba a una maduresa plena de desil·lusions. Cap dels músics morts en l'accident ni els altres que evoca la cançó hi apareixen citats explícitament, però la lletra d'«American Pie» està plena d'al·lusions a personatges de l'època com els Beatles, els Rolling Stones, Bob Dylan, Janis Joplin, Elvis Presley, J. F. Kennedy, Charles Manson o Martin Luther King.

Des de bon començament, el tema va suscitar múltiples teories i interpretacions, però cap d'elles ha estat mai confirmada per McLean, que l'única dada que ha donat és que estava dedicada a Buddy Holly. L'abril de 2015 el manuscrit original de la cançó va ser subhastat a Nova York. Aquest document de 16 pàgines amb anotacions i correccions de l'autor és tot un testimoni del procés creatiu d'«American Pie», però ni els 1,2 milions de dòlars que es van pagar per aquest material han estat suficients per revelar el significat complet del tema. El que s'amaga darrere la lletra d'aquesta gran cançó continuarà, doncs, sent una incògnita.

3

ANGIE
The Rolling Stones

6 d'abril de 1942. Neix la model Anita Pallenberg.

«Angie» és sense cap mena de dubte un dels temes més populars dels Rolling Stones. Escrita majoritàriament per Keith Richards, aquesta balada sobre un amor perdut s'ha convertit en un dels himnes de la banda britànica. La intro acústica, el sentiment de la interpretació vocal de Mick Jagger i les notes de piano de Nicky Hopkins van ser la clau de l'èxit d'un tema que des del moment de la seva edició l'estiu de 1973 va tenir vida pròpia al marge de *Goats Head Soup*, l'àlbum en què es va incloure i que ha estat una de les creacions dels Stones més devastades per la crítica.

Però qui s'amaga darrere la protagonista de la cançó? Durant un temps es va dir que estava dedicada a la model i actriu Angela Barnett, que en aquella època estava casada amb David Bowie i amb qui es rumorejava que Jagger tenia un idil·li. Aquesta teoria va fer un gir de 180 graus quan anys més tard, al plató d'una televisió americana on havia anat a airejar draps bruts del seu exmarit, la mateixa Angela Barnett va deixar anar que una vegada l'havia enxampat al llit amb el líder dels Stones. Arran d'aquestes declaracions es va interpretar que «Angie» devia ser simplement el nom femení que Mick Jagger hauria triat per camuflar una declaració d'amor a David Bowie.

Les especulacions sobre la font d'inspiració d'«Angie» van continuar actives durant força temps i el misteri no va desvelar-se fins que el 2010 Keith Richards va publicar les seves memòries. A *Life*, el guitarrista dels Stones i autor principal de la cançó va explicar que el tema se li va ocórrer mentre estava en ple procés de desintoxicació. En aquella època, estava casat amb la model italogermànica Anita Pallenberg, la qual estava embarassada de la segona criatura de la parella. Richards recorda al llibre que un cop va superar la part més traumàtica del tractament, va agafar la guitarra i en una tarda va compondre «Angie».

Reconeix que, quan la va escriure, no sabia que la seva nova filla s'acabaria dient Angela. De fet, el nom que va triar Pallenberg per al nadó va ser Dandelion, però com que va néixer en un hospital catòlic van insistir a la mare que li afegís un segon nom i ella li va posar Angela. No se sap si perquè el primer nom no li agradava o perquè preferia identificar-se amb el títol d'una cançó del seu pare, quan la nena es va fer gran va demanar que no es dirigissin a ella com a Dandelion ni Dandy i que tothom passés a dir-li Angela.

4

BAD ROMANCE
Lady Gaga

17 de març de 1969. Neix el dissenyador de moda Alexander McQueen.

«Bad Romance» és un dels temes més exitosos de Lady Gaga. El va escriure a partir de la paranoia que va experimentar durant la gira mundial que va fer el 2008, i va suposar la seva consagració com una de les artistes referents del moment. És una cançó sobre una relació tòxica ambientada en el món de la moda. No és estrany, doncs, que la cantant nord-americana escollís una desfilada per estrenar-la. Va ser en la presentació de la nova col·lecció d'Alexander McQueen a París, l'octubre de 2009, just quatre mesos abans de la mort d'aquest jove dissenyador.

McQueen estava en un dels moments més dolços de la seva carrera. Després de cinc anys al capdavant de Givenchy, el 2001 havia creat la seva pròpia firma. La creativitat transgressora i el tall característic de les seves creacions el van convertir ben aviat en un dels noms més grans i polèmics del món de la moda. Però si bé en la vessant professional tot li anava de cara, en l'aspecte personal la seva situació no era tan favorable. Havia anat encadenant diversos sotracs en la seva vida privada, però, quan la seva mare va morir el primer de febrer de 2010, va entrar en una greu depressió. McQueen no ho va suportar i al cap de deu dies es va suïcidar. La policia el va trobar penjat al seu pis del centre de Londres. Tenia 40 anys.

La relació entre Lady Gaga i Alexander McQueen era molt estreta. Més enllà de les col·laboracions professionals, la cantant i el dissenyador eren molt amics i es professaven una admiració mútua. Lady Gaga va quedar molt trasbalsada per la sobtada mort del creador, a qui va homenatjar en la seva actuació als Brit Awards d'aquell any. I uns mesos més tard, quan va editar el seu nou àlbum *Born This Way*, va explicar que la inspiració per a aquest treball li havia vingut directament del seu amic i dissenyador.

5

BADLANDS
Bruce Springsteen

3 d'agost de 1940. Neix l'actor Martin Sheen.

Entre el desembre de 1957 i el gener de 1958, Charlie Starkweather i Caril Fugate (un jove de 19 anys i la seva xicota, de 14) van deixar rere seu un reguitzell d'onze morts, entre els quals hi havia tota la família de la noia. Els fets van commoure l'opinió pública americana de l'època i el 1973 van servir de base a Terrence Malik per rodar una dramatització del cas que va titular *Badlands*. El pòster comercial de la pel·lícula, que mostra uns joveníssims Martin Sheen i Sissy Spacek emmanillats i recolzats en un cotxe blanc, amb els seus noms i el títol del film ressaltat en vermell sobre un fons de núvols clars, va captar l'atenció de Bruce Springsteen un dia de 1977, quan va veure el cartell al vestíbul d'un teatre. Quan anys més tard va veure la cinta, aquella història li va servir per compondre «Nebraska», en què explicava els fets des del punt de vista de Starkweather. El pòster cinematogràfic va donar-li la idea del títol, però havia d'afrontar el repte de posar-hi una música i una lletra que estiguessin a l'alçada de la cançó que volia fer.

En aquella època, Springsteen vivia en una granja de Holmdel, a 70 quilòmetres de Nova York. Allunyar-se de la bullícia de la gran ciutat va reconnectar-lo amb la seva identitat, i li va fer sentir la necessitat de recuperar el seu passat i la seva procedència després de l'èxit de *Born to Run*. Aquell estiu havia mort Elvis Presley, un dels seus grans ídols musicals, un sotrac emocional que va fer-lo adonar que la fama podia equivaler al buit més absolut. Així que va abocar tot aquest sentiment en les lletres del nou treball que estava preparant i que va presentar el juny de 1978 amb el títol *Darkness on the Edge of Town*.

Tot aquest imaginari el va dur a la necessitat de parlar de la consciència obrera en les seves lletres, homenatjant, en certa manera, totes les persones amb qui havia crescut i que lluitaven per dur una vida decent. «Badlands», la cançó que va triar per obrir l'àlbum, n'és tot un exemple. El protagonista del tema és un home perdut i confós que decideix donar un gir a la seva vida per tal de recuperar-ne el control i poder tornar a creure en somnis reals. És algú que ha viscut sempre esperant que li passi alguna cosa bona que no acaba d'arribar. Algú que sap que ningú li facilitarà res i que només depèn dels seus recursos propis per sortir-se'n. I *badlands*, en referència a les terres ermes de Dakota del Sud, era la paraula ideal per resumir aquesta lluita per sobreviure en un context de desesperació i buidor.

6

BELL BOTTOM BLUES
Eric Clapton

13 d'octubre de 1775. Es funda la Marina dels Estats Units.

Els uniformes militars han estat un element que al llarg de la història ha marcat també la moda de la vida civil. Els materials resistents i duradors de què estaven fets propiciaven que, un cop acabat el servei, alguns soldats els reaprofitessin com a vestimenta de carrer. Aquesta pràctica va fer que amb el temps també els dissenyadors es fixessin en aquestes peces de roba utilitzades a l'exèrcit i les convertissin en font d'inspiració de les seves creacions, adaptant-les als estils i les tendències del moment. És el cas dels pantalons de campana, un tipus de pantaló més ample de la base que de la part superior del camal i que es van convertir en una de les icones de la moda de la dècada dels setanta.

La primera referència que es té d'aquest model de pantalons és del 1883, quan la Marina dels Estats Units el va incorporar als seus uniformes. I és que la seva forma acampanada tenia grans avantatges per als *marines* de les forces armades americanes: feia fàcil que se'ls poguessin treure amb les botes posades; permetia arremangar-los per evitar que es mullessin; i, sobretot, en un moment de necessitat, omplint-ne els camals d'aire es podien convertir en un dispositiu de flotació. A finals dels anys seixanta, la forma acampanada d'aquests pantalons va cridar l'atenció de Mary Quant, la dissenyadora britànica que uns anys abans havia revolucionat la moda dels joves de tot el món amb la creació de la minifaldilla.

De la mà de Quant, els pantalons de pota d'elefant van causar furor entre els *hippies* americans, que ben aviat els van incorporar com un element essencial de la seva estètica. La popularitat d'aquella peça de roba es va estendre per tot el país i en pocs mesos va creuar l'Atlàntic. Una de les joves que es va enamorar d'aquells *bell bottom* (pantalons de campana) va ser la model Pattie Boyd. Des que els havia vist en fotos de revistes i imatges de televisió, que volia posar-se'n uns, però com que a Europa encara no es comercialitzaven, l'estiu de 1970 va demanar-li al seu amic Eric Clapton si n'hi podia portar uns de Miami, on el músic es trobava gravant el seu primer àlbum amb Derek and the Dominos.

En aquella època, Boyd estava casada amb George Harrison, però ja feia temps que s'havia convertit en tota una obsessió per a Clapton, que estava perdudament enamorat de la dona del beatle. Així que Clapton no només li va portar els desitjats pantalons a Boyd, sinó que va convertir aquella petició en inspiració d'una cançó que va acabar incloent al disc que estava enregistrant. La incorporació de «Bell Bottom Blues» en aquell treball de debut de la nova banda d'Eric Clapton no era ni de bon tros l'única referència a Pattie Boyd. De fet, la majoria del material d'aquest doble àlbum, inclòs «Layla» i el mateix títol del disc, *Layla and Other Assorted Love Songs*, conté al·lusions a la seva figura. Clapton i la resta de músics van enregistrar el tema a principis de setembre, just els dies en què el nou guitarrista de la banda, el malaguanyat Duane Allman, no va poder assistir a les sessions de l'estudi, ja que tenia compromesos alguns concerts, per la qual cosa Clapton va haver d'enregistrar tant les bases com els solos de la part de corda del tema. Pel que fa a la seva interpretació vocal, sovint s'ha destacat l'angoixa que es percep en la veu del músic a l'hora de cantar algunes de les seves estrofes i que denota el patiment que sentia per culpa de l'amor no correspost de Boyd.

7

BILLIE JEAN
Michael Jackson

25 de desembre de 1907. Neix el cantant de jazz Cab Calloway.

Expliquen que, quan Michael Jackson va portar «Billie Jean» al productor Quincy Jones, aquest només trobava pegues a la cançó. No li agradava la línia de baix amb què arrencava, la intro li semblava massa llarga i el títol va dir que faria pensar que era una composició inspirada en la tenista Billie Jean King. Però Jackson estava convençut que aquell era un gran tema i va defensar-lo a mort fins que finalment va convèncer Jones per incloure'l a *Thriller.* I no va ser una mala aposta, ja que un cop presentat com un dels singles d'aquest àlbum, «Billie Jean» va enfilar-se a les llistes musicals de tot el món, va arribar a ser número u de les americanes durant un total de setanta-sis setmanes i va vendre més de sis milions de còpies.

Michael Jackson va explicar en diverses ocasions que la cançó no estava inspirada en cap persona concreta, sinó que «Billie Jean» es referia als grups de noies que l'abordaven, a ell i els seus germans, en l'època en què actuaven plegats. Ell era el més petit de la formació, però recordava que després de cada concert una munió de «billie jeans» els esperaven a les portes del *backstage* dels locals on cantaven. Segons el seu biògraf, J. Randy Taraborrelli, el cantant va recuperar aquesta denominació genèrica arran de l'experiència traumàtica que va tenir el 1981 amb una admiradora, una noia que durant un temps va enviar-li cartes d'amor en què li explicava que era el pare d'un dels seus fills i l'amenaçava amb suïcidar-se si no podien estar junts. Michael Jackson ho resumia així a la tornada de la cançó: «Billie Jean is not my lover, she's just a girl who claims that I am the one, but the kid is not my son» (Billie Jean no és la meva amant, només és una noia que diu que jo soc l'únic, però la criatura no és meva).

Però a banda del seu impacte musical, «Billie Jean» ha passat a la història com el tema amb què Michael Jackson va estrenar el pas de ball que, amb el temps, es convertiria en el seu segell personal: el *moonwalk*. Ho va fer el març de 1983 a la gala de celebració del vint-i-cinquè aniversari de la Motown, a la qual va ser convidat amb els seus germans per interpretar alguns temes de l'època de The Jackson 5. Quan va acabar l'actuació, Michael es va quedar sol a l'escenari amb el seu vestit lluent i un barret negre d'ala ampla, i va presentar en directe «Billie Jean» acompanyant la peça amb uns moviments de ball que generaven l'efecte que estava avançant cap endavant quan el que realment feia era caminar enrere. No era un invent original seu, sinó que recollia diferents moviments que havia après del *break-dance* i que havia millorat incorporant-hi passos de ballarins de dècades passades.

El *moonwalk,* doncs, bevia de diferents tradicions, però hi ha força consens a considerar com un dels pares del pas Cab Calloway. Aquest cantant de jazz amb dots de ballarí, que va ser força popular els anys trenta, va deixar constància d'aquest moviment en gravacions com la de «Kickin' the Gong Around», i en els anys posteriors el pas va ser imitat i executat amb algunes variacions per altres artistes. Però la veritable popularització del *moonwalk* es produiria gràcies a aquella actuació de Michael Jackson al Pasadena Civic Auditorium de Los Angeles presentant «Billie Jean». La bogeria que va desencadenar entre el públic assistent i els elogis que va rebre els dies següents, entre els quals el del seu admirat Fred Astaire, van confirmar els millors presagis que Jackson tenia des del primer dia sobre la importància que aquell tema podia significar per a la seva carrera. A l'èxit rotund d'aquella actuació, s'hi sumaria també el rol que va tenir el videoclip de la cançó, i que va ser el primer d'un afroamericà emès per l'MTV.

8

BLACKBIRD
The Beatles

4 de setembre de 1957. Es produeixen els fets de Little Rock Nine.

En el marc d'un dels moments més tensos de segregació racial, el 4 de setembre de 1957, un grup de nou estudiants afroamericans van decidir inscriure's al Little Rock Central High School, una escola de secundària per a blancs de la localitat de Little Rock, a Arkansas. Tres anys abans, la Cort Suprema dels Estats Units havia fallat que la segregació a les escoles públiques era inconstitucional, però el llavors governador de l'estat, Orval Faubus, va ordenar que la Guàrdia Nacional impedís l'entrada dels joves a aquest institut. La situació va desencadenar una sèrie de protestes que van transcendir als mitjans nacionals, i van fer necessària la intervenció del president Dwight D. Eisenhower per tal de garantir que aquests nois i noies fossin admesos. Aquest fet està considerat com una de les primeres fites del moviment social pels drets civils que es desenvoluparia al llarg dels anys seixanta i ha passat a la història com el Little Rock Nine.

La gesta d'aquells nou estudiants lluitant pels seus drets va captar també l'atenció mediàtica a l'altra banda de l'Atlàntic. Paul McCartney només tenia 15 anys en aquell moment, però, des de la proximitat generacional que l'unia a aquells joves americans, va seguir els fets per les notícies que arribaven a Liverpool a través de la premsa i la televisió britàniques. I anys més tard, quan a finals de la dècada dels seixanta el moviment pels drets civils ja estava plenament consolidat i les tensions racials s'intensificaven als Estats Units, va recordar aquells fets que l'havien impactat tant sent un adolescent per escriure «Blackbird», una cançó amb què va voler homenatjar els herois d'aquella proesa.

Durant dècades, molts seguidors dels Beatles van pensar que aquest era un tema que parlava d'un ocell. De fet, a la gravació que la banda va fer de la peça per al *White Album*, s'hi va afegir una pista en què es pot escoltar el refilet d'una merla (que és la traducció literal de *blackbird*). Però, anys més tard, McCartney va desvetllar que la figura ornitològica va ser la metàfora que va fer servir per referir-se al col·lectiu de les dones afroamericanes. En aquella època estava molt sensibilitzat per la problemàtica dels drets civils i volia dedicar una cançó a totes les dones negres que estiguessin patint el drama de la discriminació racial. I en aquest entorn, recordar les joves que van formar part del col·lectiu de Little Rock Nine el va ajudar a construir els versos de «Blackbird».

El maig de 2016, Paul McCartney va tenir l'oportunitat de conèixer personalment dues de les protagonistes d'aquell episodi que li havia inspirat la cançó. Va ser en un concert que el músic va oferir a Little Rock on, just abans de tocar «Blackbird», va explicar que els esdeveniments ocorreguts cinquanta anys enrere precisament en aquella ciutat havien estat clau en la composició del tema. Arran d'aquella revelació, es va organitzar una trobada entre el músic i Thelma Mothershed Wair i Elizabeth Eckford, que van ser dues de les persones que van formar part d'aquell col·lectiu. Després del concert, l'exbeatle va compartir aquest moment i la seva corresponent revelació amb tots els seu seguidors de Twitter al publicar: «Increïble conèixer dues dels Little Rock Nine, pioners del moviment de drets civils i inspiració per a "Blackbird"».

9

BOBBY JEAN
Bruce Springsteen

17 d'abril de 1957. Neix l'escriptor britànic Nick Hornby.

Inclòs a l'àlbum *Born in the USA*, «Bobby Jean» és un dels grans clàssics del repertori de Bruce Springsteen. Tot i que el músic no ha revelat mai a qui està dedicat el tema, una de les interpretacions més populars és la que considera que aquesta és una cançó sobre la seva amistat amb Steve Van Zandt. El guitarrista s'havia incorporat a l'E Street Band el juliol de 1975 i, des de llavors, havia acompanyat The Boss en tots els seus treballs d'estudi i concerts. Però la tardor de 1984, Little Steven va decidir deixar el grup i emprendre la seva carrera en solitari, una etapa que va desenvolupar fins al 1995. I diuen que «Bobby Jean» és el tema que Springsteen va decidir dedicar-li com a comiat.

Però el fet que Bobby Jean sigui un nom que tant pot referir-se a una figura masculina com femenina ha afavorit també teories que especulen sobre el fet que el personatge protagonista de la cançó sigui una noia. És el cas de la interpretació que recull Nick Hornby a *Alta fidelitat*, la novel·la que va publicar el 1995 i que cinc anys més tard Stephen Frears adaptaria al cinema.

Els llibres d'aquest escriptor britànic es caracteritzen pel tractament de les relacions humanes, una temàtica que aborda de manera realista però tendra a partir de personatges que són autèntics antiherois. A *Alta fidelitat* Hornby aboca tota aquesta tendresa en Rob Fleming, un jove apassionat de la música pop propietari d'una botiga de discs al barri londinenc de Camden.

En un dels passatges del llibre —traduït per Dolors Udina—, Fleming decideix trucar a totes les noies que han estat les seves xicotes, una idea que a priori se li fa estranya, però que, al recordar la discografia de Springsteen, no li sembla tan desbaratada. «És el que fa Bruce Springsteen sempre a les cançons», recorda Fleming en un dels passatges del llibre, i continua: «Potser no sempre, però ho ha fet sovint. Coneixeu "Bobby Jean", de Born in the USA? Tant hi fa: truca a la noia, però és veu que ha marxat fa temps de la ciutat, i ell s'emprenya de no haver-ho sabut, perquè li hauria agradat acomiadar-se'n, dir-li que la trobava a faltar i desitjar-li sort. I aleshores entra un d'aquells solos de saxo i se't posa la pell de gallina, si t'agraden els solos de saxo. I Bruce Springsteen. Doncs a mi m'agradaria que la meva vida fos com una cançó de Bruce Springsteen [...]. M'agradaria telefonar a totes aquestes noies i desitjar-los sort, acomiadar-me'n, i així elles se sentirien bé i jo també. Tots ens sentiríem bé. Estaria molt bé. Seria fantàstic».

En la versió cinematogràfica, el text d'aquesta escena es va reconvertir en una conversa imaginària entre el protagonista, que interpretava John Cusack, i el mateix Bruce Springsteen, que era el primer cop que actuava en una pel·lícula. A la seqüència, cap dels dos personatges cita directament «Bobby Jean», però sí que s'acaba amb la frase «Good luck, goodbye» (Bona sort, adeu), en clara referència al darrer vers de la cançó de The Boss.

10

BOHEMIAN RHAPSODY
Queen

22 de març de 1887. Neix Chico Marx.

Nascuts a Nova York en el si d'una família artística, els germans Marx van ser tot un fenomen de la primera meitat del segle XX. Van començar fent de còmics i cantants en obres de teatre de vodevil. I en poc temps, l'èxit els va dur primer fins a Broadway i, finalment, al cinema. Tot i que eren cinc, el salt a la gran pantalla només el van fer quatre d'ells: Groucho, Harpo, Chico i Zeppo, cadascun dels quals va crear-se un personatge propi, que els acompanyaria al llarg de tota la seva trajectòria. En Groucho es va pintar un bigoti gruixut amb betum i va adoptar una forma extravagant de caminar a grans gambades. En Harpo es va posar una perruca vermella i amb una botzina simulava que era mut. En Chico va començar a parlar amb un fals accent italià. I en Zeppo va adoptar els gestos d'un jove galant.

A finals dels anys vint, amb el pas del cinema mut al sonor, els Germans Marx van signar amb la Paramount i es van convertir en una de les revelacions de Hollywood. Amb aquesta productora van fer cinc pel·lícules, fins que el 1934 van fitxar per la Metro Goldwin Mayer i en Zeppo va deixar d'actuar per convertir-se en l'agent dels seus germans. El primer film que els va produir aquesta companyia va ser *A Night at the Opera* (Una nit a l'òpera), una sàtira del món d'aquest espectacle en què els Germans Marx ajuden dos cantants enamorats mentre provoquen el caos durant una representació d'*Il Trovatore.*

Va ser precisament d'aquesta pel·lícula d'on els membres de Queen van agafar el títol del disc que estaven enregistrant l'estiu de 1975 i que es convertiria en el treball més reconegut de la banda. Freddie Mercury, Brian May, John Deacon i Robert Taylor van veure plegats aquesta cinta dels Germans Marx un vespre durant una de les pauses de la gravació de l'àlbum als estudis Rockfield de Gal·les. *A Night at the Opera* era el primer que editaven amb EMI, després d'haver trencat la relació amb Trident, el segell amb el qual havien produït els tres discs anteriors.

Quan Groucho Marx, que llavors era un ancià de 85 anys que vivia els seus últims anys retirat a Los Angeles, es va assabentar d'aquest homenatge que li havien fet els membres de la banda a través del títol del seu disc, els va escriure per agrair-los el detall. I poc després, aprofitant que el grup feia un concert a la ciutat californiana, els va convidar a prendre el te a casa seva. Els músics van acceptar encantats. El que segurament no s'esperaven era que un cop allà en Groucho els demanés que cantessin alguna cosa. Els membres de Queen no s'ho van pensar gaire i amb una guitarra espanyola del mateix Groucho van interpretar per a ell alguns temes d'*A Night at the Opera.*

El disc recull grans temes de Queen, però ha passat a la història per ser l'àlbum de «Bohemian Rhapsody», una de les cançons més exitoses del quartet britànic. Freddie Mercury la va escriure a la seva casa de Kensington intentant crear un tema totalment fora de les estructures habituals de les peces de rock. Al compondre la música, es va deixar guiar per la lògica operística, afegint-hi cors a diferents veus que s'alternaven amb solos similars a àries. Pel que fa a la lletra, va evocar alguns referents clàssics que va barrejar en una trama confusa i que ha suscitat diferents interpretacions.

Van trigar tres setmanes a gravar-la. La van començar a Rockfield, però durant el procés van fer servir quatre estudis més, on van enregistrar diferents parts que van acabar agrupant en el procés d'edició final. Mercury, May i Taylor van cantar entre 10 i 12 hores diàries per poder tenir les 180 gravacions separades que van necessitar per aconseguir l'efecte de veus múltiples que buscaven. Com que en aquells temps no hi havia encara cintes de 24 pistes, tots tres van haver de gravar fins a vuit vegades a sobre de cada cinta, mentre anaven fent les mescles. De fet, «Bohemian Rhapsody» està considerada com una de les gravacions més elaborades i més ben produïdes de la història del rock. La pel·lícula dels Germans Marx que va inspirar el títol de l'àlbum que la conté no compta amb menys reconeixements. El 1993 va ser seleccionada per ser preservada al National Film Registry de la Biblioteca del Congrés dels Estats Units com a obra culturalment, històricament i estèticament significativa. I el 2007 va ser inclosa a la llista de les 100 millors pel·lícules de la història que elabora l'American Film Institution.

11

BRAIN DAMAGE / ECLIPSE

Pink Floyd

20 de maig de 1851. Neix Emile Berliner, inventor del gramòfon.

Emile Berliner va ser un inventor germanoamericà d'origen jueu a qui devem la creació del gramòfon i els precursors dels discs de vinil. Berliner va experimentar amb diferents mètodes de gravació i reproducció de so fins que el 1887 va aconseguir patentar un aparell que era capaç d'enregistrar àudios en un disc de zenc. Un cop va poder mecanitzar i produir en sèrie l'invent, va fundar The Berliner Gramophone Company, una empresa dedicada a la producció de gramòfons. En poc temps, va obrir filials a Washington, Filadèlfia, Nova York i Londres, aquesta última, la primera que inaugurava fora del continent americà. Gramophone Company, que és el nom amb què operava aquesta sucursal britànica, i que a banda de produir aparells també feia gravacions, va tenir un creixement molt ràpid i aviat es va convertir en un dels motors de l'aparició d'una nova indústria: la discogràfica. El 1905, la companyia ja havia realitzat més de 10.000 enregistraments sonors amb la participació dels cantants d'òpera referents del moment.

Durant les dues primeres dècades del segle xx, la companyia no va parar de créixer. I el 1929, convertida en Electrical and Musical Industries (EMI) després de la fusió amb Columbia Records, va comprar per 100.000 lliures l'edifici situat al número 3 del carrer Abbey Road i el va transformar en un dels primers estudis de gravació del món. La història d'aquestes mítiques instal·lacions ha quedat per sempre associada als Beatles, que no només van enregistrar-hi pràcticament tota la seva discografia, sinó que van immortalitzar-les en el títol d'un dels seus àlbums. Però els estudis Abbey Road han estat també clau en la història de molts altres grans grups, entre ells Pink Floyd, que van triar-los per enregistrar-hi *The Dark Side of the Moon*, el treball que els consolidaria com a banda referent dels setanta i que ha estat considerat com un dels millors discs de tots els temps.

El juny de 1972, després d'uns mesos de gira pels Estats Units, els integrants de Pink Floyd van tornar a Londres per enregistrar el seu vuitè àlbum. Entre concert i concert, Waters havia escrit algunes cançons per a aquest nou treball, entre les quals n'hi havia una de dedicada al seu amic i fundador de la banda Syd Barret, que en aquells moments estava passant per un moment complicat a causa de l'abús de drogues i els problemes mentals que patia. El tema l'havia titulat «The Dark Side of the Moon» i va ser un dels primers en què va començar a treballar amb David Gilmour, Richard Wright i Nick Mason per donar forma al nou disc. Finalment el tema es va editar com a «Brain Damage» i el nom amb què

Waters l'havia batejat originalment és el que van acabar triant com a títol de l'àlbum, que es va publicar el març de 1973 després de mig any intens de feina als Abbey Road Studios, amb Alan Parsons com a enginyer de so.

L'icònic estudi i la seva vinculació amb el quartet de Liverpool van tenir un paper molt important en aquest àlbum de Pink Floyd. La semblança de la melodia que encapçala la versió final de «Brain Damage» amb l'arpegi de guitarra acústica de «Dear Prudence», gravada pels Beatles en aquell mateix estudi cinc anys abans, és un primer punt de connexió entre les dues bandes a través de les sales de gravació dels Abbey Road Studios. Però aquesta referència és present en tot el *The Dark side of the Moon*, ja que la major part del disc es va enregistrar sobre una cinta en què els Beatles havien gravat les cançons de *Help*. De fet, hi ha qui diu que si un s'hi fixa bé, al final d'«Eclipse», el tema que gairebé empalma amb «Brain Damage», s'hi pot sentir de fons alguna cosa de «Ticket to Ride». Curiosament, la frase final de «Brain Damage» i que és la que tanca l'àlbum, «There is no dark side of the moon really, in fact, it's all dark» (No hi ha un costat fosc de la lluna, en realitat, tota ella és fosca) no és de cap dels components de Pink Floyd, sinó que els músics van explicar que va ser un comentari que els va fer el porter dels estudis. Els va semblar una expressió tan oportuna en el context del marc conceptual que estaven desenvolupant, que van decidir incloure-la com a tancament del disc.

Així doncs, més enllà de la participació tècnica en l'enregistrament de *The Dark Side of the Moon*, els Abbey Road Studios van impregnar del seu esperit aquest àlbum pinkfloydià. Durant dècades han estat els estudis de referència de grans músics, i de les seves sales de gravació n'han sortit alguns dels treballs discogràfics més aclamats. El 17 de febrer de 2010, però, EMI va anunciar la seva intenció de vendre'ls per reconvertir-los en un complex residencial per poder fer front al deute de més de 30 milions de lliures que arrossegava la companyia. La mobilització que va causar la notícia entre diferents col·lectius va provocar que el Govern britànic declarés l'edifici com a monument històric, i així va impedir-ne la demolició, de manera que va quedar dret un edifici que és una part importantíssima de la història de la música.

12

BREAKFAST IN AMERICA
Supertramp

29 d'octubre de 1920. Neix l'actriu Kate Murtagh.

A finals de març de 1979 la banda britànica Supertramp va presentar el single que donava nom al seu sisè àlbum d'estudi: «Breakfast in America». Era un tema que havia escrit Roger Hodgson abans d'incorporar-se a Supertramp en resposta a l'anunci que Rick Davies havia publicat a la revista *Melody Maker* i a través del qual buscava músics per formar una banda. Quan la va rescatar al cap d'uns anys, Davies li va demanar que tornés a escriure la lletra per actualitzar aquells versos que tenien més d'una dècada, però Hodgson s'hi va negar i la van acabar gravant tal com havia estat creada, el relat de la història d'una persona que mai ha estat als Estats Units i que fantasieja amb l'imaginari del país. A més, en aquell moment, la temàtica de «Breakfast in America» tenia certa gràcia, ja que alguns membres de la banda acabaven d'instal·lar-se als Estats Units fugint de la pressió fiscal a què estaven sotmesos al Regne Unit, un element que de ben segur va influir en el fet que finalment aquest fos també el títol del disc.

En el moment de la gravació de *Breakfast in America*, les relacions entre Hodgson i Davies començaven a ser tenses, però això no va impedir que de l'estudi en sortís el treball més exitós del grup, un àlbum que, amb més de 18 milions de còpies, s'ha convertit en un dels més venuts de la història.

Però més enllà de la qualitat de la seva selecció musical, el disc va comptar amb un element de màrqueting que va contribuir en la promoció: la portada. L'autor del concepte i la creació artística d'aquesta carta de presentació gràfica de *Breakfast in America* és Mike Doud, un dissenyador habitual de bandes britàniques que enregistraven als Estats Units i que, per a aquest treball, va disposar de total llibertat per treballar la seva proposta. L'únic que van demanar els músics, igual que ja havien fet en els seus àlbums anteriors, va ser que les seves fotos no apareguessin a la portada. La seva petició es va respectar, però finalment el dissenyador els va convèncer perquè sortissin a la contraportada esmorzant a la barra d'un restaurant de Los Angeles, mentre cadascun d'ells fullejava un diari de la seva ciutat natal i que Doud va fer que els enviessin des del Regne Unit.

Després de descartar diverses idees al voltant d'elements icònics americans per treballar el frontal de l'àlbum, Mike Doud va centrar-se en la primera imatge que podria tenir qualsevol persona que arribés volant a Nova York de bon matí: l'illa de Manhattan i l'Estàtua de la Llibertat vistes des de la finestreta de l'avió. A partir d'aquí, va començar a dissenyar la composició basant-se en dos conceptes: d'una banda, representar els edificis de Manhattan amb objectes de parament de cuina; de l'altra, convertir l'Estàtua de la Llibertat en una cambrera servint esmorzars. Per a la realització del primer, es va construir una estructura de polietilè pintada de blanc d'on emergien capses de cereals, tasses, setrilleres, ampolles de llet, pots de salsa, coberts i altres objectes que es poden trobar en una taula parada per a un esmorzar. Per a la representació del segon, es va crear el personatge d'una cambrera anomenada Libby, que sosté un suc de taronja a la mà esquerra mentre a la dreta hi duu el menú d'un hipotètic bar en què s'hi pot llegir «Breakfast in America». La dona simbolitza l'Estàtua de la Llibertat; el suc, la torxa que la corona; i el menú, la placa amb la data de la independència dels Estats Units.

Per trobar la model adequada per encaixar en aquesta composició, es va recórrer a una agència especialitzada en perfils fora dels estàndards habituals. I així és com van localitzar Kate Murtagh, una actriu de gran somriure i formes voluptuoses que havia participat en sèries de televisió com *Moonlightning; Highway to Heaven, Monster Family* o *La dimensió desconeguda* i que també havia tingut algun petit paper en pel·lícules com *Esmorzar amb diamants, Adeu, nena* o *Blue Hawaii.*

La portada de *Breakfast in America* va ser molt elogiada des del moment del seu llançament i reconeguda amb el Grammy d'aquell any al millor disseny. Dues dècades més tard, aquesta icònica imatge va tornar a ser notícia, quan alguns van assenyalar que havia estat una predicció de l'atemptat de l'11S. La finestra de l'avió vaticinaria el vehicle elegit per perpetrar la massacre; i el títol de l'àlbum faria referència a la primera hora del matí, que és quan es van estavellar els dos aparells. Però l'element més desconcertant de tots va ser descobrir que al reflectir la portada en un mirall, sembla que la U i la P del *Supertramp* que apareix a la part superior, justament sobre les caixes de cereals que representen les Torres Bessones, formen un 11/9.

13

BROTHERS IN ARMS
Dire Straits

2 d'abril de 1982. Esclata la guerra de les Malvines.

La guerra de les Malvines va ser un conflicte bèl·lic que va enfrontar el Regne Unit amb l'Argentina l'any 1982 per la disputa d'aquestes illes de l'Atlàntic Sud. La guerra va començar quan la decadent dictadura militar instaurada a Buenos Aires, en aquell moment va decidir envair el petit arxipèlag que estava en mans dels britànics des del 1833. La resposta del Govern de Margaret Thatcher no es va fer esperar i va enviar el seu exèrcit a recuperar el territori. El combat per les illes Falkland, que és com les anomenen els anglesos, es va allargar durant dos mesos i va acabar amb la rendició i la consegüent expulsió dels militars argentins. Un total de 905 soldats d'ambdós bàndols hi van perdre la vida.

Aquest enfrontament va inspirar a Mark Knopfler un dels seus temes més celebrats: «Brothers in Arms». El líder dels Dire Straits va compondre aquesta cançó de clar caràcter antibèl·lic el 1985. I ho va fer donant veu a un soldat ferit i moribund que descriu aquell particular camp de batalla situat entre les muntanyes cobertes de boira d'aquestes terres de la part més meridional del continent americà. Amb una lletra trista i melancòlica, Knopfler comparteix els pensaments del protagonista de la història quan aquest és a punt de morir envoltat dels seus companys d'armes que, a diferència d'ell, sí que tindran la sort de poder tornar a casa.

El títol de la cançó sorgeix d'un comentari que va fer el seu pare sobre el conflicte i en el qual es va referir als soldats enfrontats com a «brothers in arms». El context d'aquesta frase inspiradora del tema del progenitor dels Knopfler és possible que tingués un doble sentit. I és que feia temps que un altre conflicte més proper l'amoïnava: el que hi havia entre els seus dos fills Mark i David. Tots dos havien tocat plegats als Dire Straits durant els primers anys de la banda, però una discussió durant una gira va fer que se separessin i que la relació entre tots dos es trenqués i es convertissin així en «germans en guerra».

14

CANDLE IN THE WIND
Elton John

20 de juny de 1890. Es publica *El retrat de Dorian Gray.*

El de 1997, va ser un estiu molt difícil per a Elton John. El 15 de juliol es llevava destrossat per la notícia de l'assassinat del seu amic Gianni Versace, que va ser tirotejat davant la seva mansió de Miami Beach mentre tornava de la seva passejada matinal diària. I un mes i mig més tard, el 31 d'agost, la princesa Diana de Gal·les, amb qui el músic mantenia una estreta amistat, moria en un accident de trànsit a París intentant esquivar els *paparazzi* que perseguien el cotxe en què viatjava amb la seva parella, el magnat egipci Dodi Al-Fayed. Com no ho podia fer d'una altra manera, Elton John va homenatjar aquests dos éssers estimats amb la seva música. A Versace li va dedicar *The Big Picture,* l'àlbum que va publicar aquella mateixa tardor. A *Lady Di* li va adaptar la lletra de «Candle in the Wind», en una versió que ell mateix va interpretar al piano al seu funeral.

Publicada el 1973 al disc *Goodbye Yellow Brick Road,* «Candle in the Wind» és un tema fruit de la col·laboració habitual entre Elton John i Bernie Taupin. El lletrista va escriure-la inspirant-se en una frase que va sentir en un tribut a Janis Joplin, en què es referien a la cantant com a «candle in the wind» (una espelma encesa al vent), com a metàfora de la seva curta i intensa vida. Captivat per la força d'aquella imatge, Taupin va agafar aquella expressió com a element central d'una cançó que fa referència a una altra llegenda de mort prematura: Marilyn Monroe.

De tota manera, malgrat que Marilyn apareix citada a la cançó i n'és la protagonista, Bernie Taupin va explicar que aquest no és un tema dedicat a l'actriu americana, sinó que va agafar la seva figura com a icona per reflexionar sobre la mort inesperada d'alguns artistes joves. Tal com ell mateix va puntualitzar, hagués pogut parlar de Sylvia Plath, Virginia Woolf, James Dean, Jim Morrison o qualsevol altre escriptor, actor o músic que al morir jove deixa fixada en l'imaginari col·lectiu la seva imatge detinguda en el temps. De fet, Taupin recupera en aquesta idea el concepte de l'eterna joventut abordat per Oscar Wilde a *El Retrat de Dorian Gray*, en què l'autor descriu l'obsessió del seu protagonista per mantenir-se jove i bell per sempre.

Lluny dels pactes amb forces malèfiques i diabòliques que planteja Wilde a la seva novel·la, a «Candle in the Wind», el lletrista d'Elton John va voler posar l'accent en totes aquelles vides truncades pel destí en un moment més avançat del previst. Per això, quan el músic britànic li va comentar que volia adaptar la lletra per homenatjar la seva amiga Diana no va tenir cap dubte a ajudar-lo. A la princesa de Gal·les li agradava molt aquesta cançó i havia comentat en alguna ocasió que s'hi sentia molt identificada, especialment pels versos que fan referència a l'assetjament dels mitjans de comunicació. El destí va voler que trobés la mort de manera inesperada en un túnel, precisament, intentant esquivar la premsa pels carrers de la capital francesa. Tenia 36 anys, la mateixa edat que tenia Marilyn quan va ser trobada morta per una sobredosi de barbitúrics al dormitori de casa seva.

15

CHELSEA HOTEL #2
Leonard Cohen

20 d'agost de 1830. Neix l'arquitecte Philip Gengembre Hubert.

«I remember you well in the Chelsea Hotel. You were talking so brave and so sweet. Giving me head on the unmade bed while the limousines wait in the street» (Et recordo clarament al Chelsea Hotel. Parlaves tan segura i tan dolça, mamant-me-la sobre el llit desfet mentre al carrer t'esperava la limusina). Amb aquestes línies comença la cançó que versa sobre una de les anècdotes més explicades de la història de la música: el relat de la trobada sexual que van protagonitzar Leonard Cohen i Janis Joplin al Chelsea Hotel de Nova York i que el cantautor canadenc va immortalitzar en un dels seus temes més cèlebres: «Chelsea Hotel #2».

El mític edifici de maons vermells, situat al bell mig de l'antic Districte del Teatre, havia estat projectat per l'arquitecte d'origen francès Philip Gengembre Hubert a finals del segle XIX com a cooperativa privada d'apartaments. Però el 1905 va ser transformat en hotel, i la dècada dels seixanta i setanta es va convertir en la segona llar d'un gran nombre d'artistes que hi van fer aflorar un ambient creatiu entre alcohol, drogues i tota mena d'excessos.

Diu la llegenda que Leonard Cohen era a l'ascensor del Chelsea Hotel quan es van obrir les portes i va aparèixer Janis Joplin. Es va quedar tan impactat per la jove i famosa cantant que quan ella li va preguntar per Kris Kristofferson, Cohen li va respondre que era ell a qui buscava. La resposta va fer riure Joplin i expliquen que en aquell mateix moment va deixar de buscar l'amic que li havia cedit «Me and Bobby McGee» per anar-se'n a una habitació del Chelsea amb aquell jueu de nas prominent.

La trobada s'hauria produït la primavera de 1968, mentre Joplin era a Nova York amb els Big Brother and the Holding Company posant les veus als temes de l'àlbum *Cheap Thrills*. Alguns dels elements del relat de Cohen no acaben d'encaixar (com el fet que Joplin i Kristofferson no es van conèixer fins al 1970 o que en aquella època la cantant encara no era gaire coneguda a la Costa Est), però així és com va explicar la història el 1976 el músic canadenc després d'anys de misteri entorn de la lletra de la cançó. Ho va fer en petites dosis, donant pistes de la trobada en la introducció que feia del tema als concerts de la gira europea que va fer aquella primavera. I quan va acabar la gira, la història va quedar completa.

«Chelsea Hotel #2» s'havia publicat el 1974 a l'àlbum *New Skin for the Old Ceremony*, i ja s'havia convertit en una de les peces imprescindibles dels directes de Leonard Cohen. Durant força temps, el músic va mantenir l'anonimat de la dona amb qui havia passat aquella nit. Però més tard, va revelar que l'autora d'aquella fel·lació, que ja s'havia fet famosa arreu del món, era la cantant texana que poc després d'aquella nit de sexe al Chelsea moriria d'una sobredosi d'heroïna a l'habitació d'un altre hotel, a Los Angeles. En una entrevista a la BBC el 1994, Cohen va reconèixer públicament que es penedia d'haver revelat la identitat de la protagonista de la cançó, i fins i tot va demanar perdó a l'esperit de Joplin per la seva grolleria i indiscreció.

Hi ha qui diu que existeix un «Chelsea Hotel #1» que explica una versió de la història més crua i menys emotiva, però Leonard Cohen mai no ho va confirmar. Sí que és cert que en les seves interpretacions en viu del tema sovint canviava algunes línies o hi afegia versos, però no hi ha constància que escrivís ni enregistrés mai la cançó amb una altra lletra. En qualsevol cas, «Chelsea Hotel #2» ha passat a la història com un doble homenatge, tant a la seva protagonista com al seu escenari. És un tema que, d'una banda, recorda qui fou una de les grans i malaguanyades veus dels anys seixanta i, de l'altra, s'emmarca en l'hotel que va convertir-se en tota una icona de la Nova York d'aquella època. Dos autèntics mites fosos en una cançó.

16

COMMON PEOPLE
Pulp

24 de març de 1961. Neix el polític grec Yanis Varoufakis.

Una estudiant d'art grega de família acomodada que s'incorpora a una facultat pública d'art. Un jove d'origen humil amb qui coincideix a classe d'escultura. Ella, determinada a «viure com la gent normal i corrent», adjudicant-li a la pobresa una pàtina de glamur. I ell, que coneix bé aquest món, intentant fer-li veure com n'està, d'equivocada. És el relat d'una relació entre dos joves amb un rerefons de lluita de classes com tants se n'han escrit al llarg de la història. En aquest cas, però, acompanyat de la música de Pulp, és una de les cançons referents de la música britànica dels anys noranta.

Jarvis Cocker, el líder de la banda, va escriure «Common People» inspirant-se en la seva època d'estudiant al Central Saint Martins College of Art and Design de Londres, a mitjans dels vuitanta. Allà va coincidir amb una companya de classe arribada de Grècia que volia oblidar el seu origen adinerat i provar les coses que feia la gent amb qui coincidia a les aules. Aquesta manera d'actuar de la noia va captar l'atenció de Cocker i, amb una lletra en què sembla que hi va posar més pa que formatge, va escriure la que probablement és la cançó més coneguda de Pulp.

Però qui era aquesta jove? La seva identitat va ser un enigma durant força temps, però la primavera de 2015 el diari grec *Athens Voice* va publicar un article en el qual assegurava haver desvetllat el misteri. Segons aquest rotatiu, la noia era Danae Stratou, filla d'una de les famílies d'empresaris més importants de Grècia i esposa de qui va ser el ministre de finances grec Yanis Varoufakis. Avui, ningú de l'entorn de Stratou ha confirmat ni desmentit la notícia, però les coincidències de dates i llocs donen força credibilitat a aquesta teoria.

Abans de la publicació de la informació en aquest mitjà, ni el mateix Cocker havia estat capaç d'identificar la musa que va inspirar-li «Common People», ja que, al contrari del que explica la cançó, el cantant de Pulp mai va tenir una relació propera amb ella, i confessa que no en sabia ni el nom. Sí que van coincidir en alguna ocasió i ell recorda haver-li sentit comentar que volia traslladar-se al barri de Hackney (una de les zones obreres de l'Est End), perquè segons ella li va dir i ell va recollir a la lletra del tema: «I wanna live like common people» (vull viure com la gent normal i corrent).

17

DAYS LIKE THIS

Van Morrison

30 de novembre de 1995. El president Bill Clinton visita Belfast.

Després d'un període de maniobres polítiques entre Londres i Belfast, l'estiu de 1994 l'Exèrcit Republicà Irlandès (IRA) va declarar l'alto el foc que marcaria el camí cap a la fi de la violència a l'Ulster. Per garantir el procés de desarmament dels grups paramilitars que operaven a la zona, el 1995 es va nomenar el senador George J. Mitchell enviat especial dels Estats Units. El seu rol durant els tres anys que va durar el procés de pau fins a la signatura dels acords de Divendres Sant va ser clau i evidenciava el profund interès de l'administració Clinton en la resolució del conflicte irlandès. I és que després de l'èxit de la seva tasca pacificadora a Bòsnia i l'Orient Mitjà, el líder americà va posar-se com a objectiu oferir una oportunitat per a les dues parts implicades de defensar les seves postures en una taula de converses.

En el marc d'aquesta supervisió americana, el 30 de novembre de 1995, Bill Clinton va visitar Belfast per promoure un primer acord amb dirigents de tots els sectors polítics nord-irlandesos. Era la primera vegada que un president dels Estats Units visitava l'Ulster. Ho va fer acompanyat de la seva dona, Hillary, i de la seva filla, Chelsea. I com a part del viatge presidencial va tenir l'oportunitat de compartir la seva passió per la música amb un dels seus artistes de capçalera: Van Morrison.

El *Lleó de Belfast* feia pocs mesos que havia presentat el seu vint-i-tresè àlbum d'estudi, i la cançó que hi donava nom, «Days Like This», ja s'havia convertit en una mena d'himne del moviment pacifista d'Irlanda del Nord. La Northern Ireland Office, l'organisme encarregat de promocionar l'aturada de les hostilitats, fins i tot l'havia utilitzat en un anunci televisiu que demanava l'alto el foc definitiu. I aquell vespre del darrer dia de novembre estava previst que formés part del repertori de Van Morrison en el concert que el músic oferiria com a cloenda de la visita del mandatari americà.

La família Clinton va arribar a Donegall Square després de presidir l'acte d'encesa dels llums de l'arbre de Nadal instal·lat davant de l'ajuntament de la capital nord-irlandesa. Les prop de 60.000 persones que es van congregar a la plaça van poder escoltar els tres temes que Morrison va triar per a aquella ocasió: «No Religion», «Have I Told You Lately» i, és clar, «Days Like This». Bill Clinton, que toca el saxo des que era un adolescent, havia demanat pujar a l'escenari per acompanyar el músic en la seva actuació, però els seus guardaespatlles li ho van impedir al·legant raons de seguretat. Si el motiu va ser realment aquest o potser algun altre de musical (possibilitat no descartable coneixent el caràcter de Morrison), és un secret que no va transcendir i que ha quedat entre tots dos protagonistes.

18

DON'T GET ME WRONG

The Pretenders

16 de febrer de 1959. Neix el tennista John McEnroe.

La dels vuitanta va ser una dècada en què música i esport van trobar una compenetració total. Va ser una època daurada per a totes dues disciplines, amb una gran varietat d'estils sorgits al voltant del pop en la vessant musical; i la popularització d'activitats esportives al marge del futbol, com ara l'aeròbic, el bàsquet o el tennis. Tot plegat amanit amb una estètica de peces de roba de colors llampants, pentinats atrevits i accessoris molt vistosos, com buates que exageraven les espatlles o escalfadors que guarnien pantalons ben arrapats.

En aquest context, la tardor de 1987, The Pretenders llançava el seu quart àlbum. Ho feia amb «Don't Get Me Wrong», un single que ràpidament es va situar en el *top ten* de les llistes americanes, britàniques i australianes. Per al videoclip de llançament, la banda va fer un homenatge a la mítica sèrie de la televisió britànica dels anys seixanta, *The Avengers*, en la qual Chrissie Hynde interpreta el paper de l'espia Emma Peel, que busca l'agent secret John Steed, personatge que apareix en les imatges originals sobreposades al muntatge final.

I mentre The Pretenders triomfava a les pistes de ball, John McEnroe ho feia a les de tennis. Considerat un dels esportistes més rellevants de la història, el seu caràcter malcarat i inconformista va acompanyar-lo al llarg de la seva trajectòria, marcada per la rivalitat professional que durant tota la dècada va mantenir amb el suec Björn Borg. Però quan *Big Mac* aparcava la raqueta, li agradava dedicar-se a la seva altra afició: la música. Durant aquells anys va ser un gran seguidor de The Pretenders. Anava sempre que podia als seus concerts i va acabar fent amistat amb els membres de la banda.

A Hynde no li interessava gens el tennis, però sí que tenia en ment dedicar-li algun dia una cançó a McEnroe. La inspiració finalment li va arribar a finals de 1986 en un viatge en avió. Havia començat a escriure alguns versos pensant en el seu amic John quan, de sobte, va sentir l'anunci de benvinguda de la companyia aèria pels altaveus encapçalat per un «Dong-dong-dong-dong... Welcome to British Airways». Hynde va agafar aquella melodia i la va incorporar en tons similars a la tornada de la cançó que ja estava component amb un acompassat «Don't-Get-Me-Wrong».

Quan, entrada la dècada dels noranta, McEnroe va retirar-se del circuit professional, va decidir aprendre a tocar la guitarra de la mà de Van Halen i Eric Clapton. La feina d'aquests dos mestres amb qui, sens dubte, va ser un dels tennistes més grans de tots el temps va poder escoltar-se uns anys més tard a *Stockholm,* l'àlbum que Chrissie Hynde va enregistrar en solitari el 2014 i al qual va convidar el seu amic John McEnroe a tocar en un tema titulat «A Plan Too Far».

19

DON'T GIVE UP
Peter Gabriel i Kate Bush

26 de maig de 1895. Neix la fotoperiodista Dorothea Lange.

Als anys trenta, l'Amèrica del Nord va patir un dels desastres ecològics més greus del segle XX. El fenomen va ser batejat com a Dust Bowl i va consistir en una sèrie d'impressionants tempestes de pols negra i espessa que es van aixecar des del Golf de Mèxic fins al Canadà com a conseqüència d'un període de sequera extrema. Va afectar més de 400.000 quilòmetres quadrats, però es va acarnissar especialment als estats de Texas, Oklahoma, Kansas i Colorado. Les conseqüències van ser devastadores i van provocar l'agreujament dels efectes de la Gran Depressió, que ja patia el país. Es calcula que més de tres milions de persones van haver de marxar de les seves granges i emigrar cap a l'oest.

La major part de les imatges gràfiques que van documentar aquest fenomen les devem a Dorothea Lange. Aquesta fotoperiodista de Nova Jersey va recórrer amb la seva càmera les zones afectades capturant les escenes dramàtiques que se succeïen arran del Dust

Bowl en el si de moltes famílies americanes. Gran part de les fotografies de Lange sobre aquesta temàtica van ser recopilades en un llibre publicat el 1973 amb el títol *In this Proud Land* i que va donar a conèixer l'obra d'aquesta autora.

Aquest recull fotogràfic va caure a les mans de Peter Gabriel una dècada més tard. Era el 1986 i a Gabriel, que feia més de deu anys que havia deixat Genesis, li ballava pel cap escriure una cançó sobre les difícils condicions econòmiques en què es trobava el Regne Unit en aquells anys. Al veure les fotografies de Lange, el músic britànic va trobar la inspiració que buscava. La frase inicial la va tenir clara des del primer moment: «In this proud land we grew up strong…» (En aquesta terra orgullosa vam créixer forts...). A partir d'aquest començament inspirat pel títol del llibre de Lange, el músic va escriure, sobre un home que acaba de quedar-se sense feina, una lletra que va acabar convertint-se en «Don't Give Up».

Els versos interpretats per Gabriel descriuen els sentiments d'aïllament i desesperació que l'envaeixen mentre els cors de la cantant, la britànica Kate Bush, l'intenten reconfortar amb paraules d'esperança. Inicialment, el músic va proposar el duet a Dolly Parton, en un intent d'apropar més la cançó a l'entorn americà, però l'artista country va rebutjar la proposta. En qualsevol cas, la imatge de Gabriel i Bush abraçats durant els sis minuts i mig que dura el videoclip de la cançó va tenir un gran impacte en aquella època i va ser el complement perfecte per a la promoció de *So*, l'àlbum dins el qual es va incloure «Don't Give Up», i que és un dels més aclamats de la carrera de l'artista en solitari.

20

DON'T LEAVE ME THIS WAY

The Communards

31 de març de 1986. El Govern de Margaret Thatcher dissol el Gran Consell de Londres.

L'estiu de 1963 el Parlament del Regne Unit aprovava la creació del Gran Consell de Londres (Great London Council), un organisme de gestió comuna per a totes les petites poblacions adjacents a la capital britànica i que, des d'aquell moment, es van agrupar sota una nova estructura de govern local coneguda com a Gran Londres. Aquesta entitat va encarregar-se de les polítiques locals fins que el 1985 la primera ministra Margaret Thatcher va proposar dissoldre-la. La iniciativa va topar amb una forta oposició dels liberals britànics, però finalment la majoria conservadora es va imposar i el Parlament va aprovar la llei que promulgava la dissolució del Gran Consell de Londres i que, amb data de 31 de març de 1986, posava fi a aquest òrgan administratiu, que anys més tard seria substituït per l'actual Autoritat del Gran Londres (Greater London Authority).

La pressió exercida pels sectors de l'esquerra per evitar el desmantellament del Gran Consell de Londres va esdevenir un dels cavalls de batalla de la política interior que va haver d'afrontar Thatcher durant els darrers mesos del seu segon mandat. Un dels col·lectius que més es va mobilitzar en contra d'aquesta mesura va ser el de les entitats homosexuals de la ciutat, les quals rebien alguns fons d'aquest organisme per tirar endavant els seus projectes. Aquest era el cas del London Gay Teenage Group, una agrupació dirigida per i per a menors de 21 anys que impulsava diferents projectes socioculturals.

A principis dels vuitanta, un jove Jimmy Somerville arribat de Glasgow es va unir a aquest grup, buscant un entorn on pogués desenvolupar la seva vessant artística sense haver d'amagar la seva condició sexual. Sommerville es va implicar molt en l'activitat d'aquesta organització i, veient amenaçada la continuïtat d'algunes de les seves iniciatives a causa de la determinació de Thatcher d'abolir l'entitat municipal que les subvencionava, va decidir expressar la seva protesta amb una cançó.

Feia uns mesos que havia format, amb Richard Coles, una banda que van anomenar The Communards en honor al nom que rebien els dirigents del Govern de París durant la Revolució Francesa. Així que va ser amb ell amb qui va començar a buscar un tema que encaixés amb aquesta idea. La cançó triada per manifestar el seu rebuig a les intencions polítiques del Govern va ser «Don't Leave Me This Way», un èxit de la dècada dels setanta que van pensar que recollia a la perfecció el missatge que volien transmetre. Coles era partidari de versionar-lo a partir de la gravació original de Harold Melvin & The Bluenote, però Sommerville el va convèncer perquè agafessin la versió disco de Thelma Houston com a base. El resultat va ser un single que es va convertir en el més venut de 1986 al Regne Unit i un dels *hits* més ballats de la dècada.

21

DON'T LOOK BACK IN ANGER
Oasis

22 de maig de 2017. Es produeix un atemptat al Manchester Arena.

El 22 de maig de 2017 més de divuit mil persones omplien el Manchester Arena. La majoria eren nens i adolescents acompanyats dels seus pares que havien anat a al concert de la gira «Dangerous Woman» de la cantant americana Ariana Grande. A les 22.33 h, just al finalitzar l'espectacle i mentre els assistents començaven a sortir del recinte, es va produir una explosió a l'àrea del vestíbul que va causar la mort de 22 persones i en va deixar 116 de ferides. L'endemà, Estat Islàmic en va reivindicar l'autoria, convertint així aquest atac en l'atemptat terrorista més mortífer al Regne Unit des de les explosions de Londres el juliol de 2005.

En els dies següents es van organitzar diverses trobades ciutadanes per manifestar el condol i la solidaritat amb les víctimes d'aquella terrible tragèdia. En una d'elles, de forma espontània, una dona va trencar el silenci que regnava en aquella concentració cantant les primeres estrofes de «Don't Look Back in Anger». Va anar avançant pels versos d'aquest reconegudíssim tema d'Oasis i, a poc a poc, se li van anar afegint diferents persones fins que, en arribar a la tornada, la majoria dels assistents s'hi van unir per acompanyar-la interpretant la cançó a una sola veu. Poc es podien imaginar els germans Gallagher quan van escriure aquest tema el 1995 que s'acabaria convertint en un himne per la pau i de rebuig a la violència sorgit a la seva ciutat natal gràcies al missatge del seu títol i que convida a no mirar enrere amb ira.

Noel i Liam Gallagher van editar «Don't Look Back in Anger» el febrer de 1996 com a cinquè tema del seu segon àlbum *(What's the Story) Morning Glory?* La cançó relata la història de Sally, una dona que recorda la seva vida sense cap remordiment. Noel Gallagher explica que va escriure-la sortint d'un club de *striptease*. Alguns fans tenen la teoria que es refereix a Sally Cinnamon, la protagonista de la cançó de Stone Roses, una altra formació musical sorgida també a Manchester a finals dels vuitanta i que, com Oasis, va beure molt de la influència dels Beatles. Però els germans Gallagher mai ho han arribat a confirmar.

Fos qui fos la musa inspiradora del tema, en una entrevista de ràdio el 2006, Liam Gallagher va explicar que, tot i que la lletra era del seu germà, va ser ell qui va proposar la construcció final de la tornada. Va ser quan ja estaven fent les proves de so a l'estudi. Noel estava cantant aquell tros amb una altra lletra i a Liam li va semblar que deia «So Sally can wait». Al preguntar-li i Noel dir-li que no, li va suggerir que potser és com ho hauria de provar. I no només li va fer cas, sinó que aquesta va ser la frase que finalment va quedar enregistrada per a la posteritat i que ha convertit el vers que encapçala la tornada de «Don't Look Back in Anger» en l'himne de tota una generació.

22

DON'T STOP (THINKING ABOUT TOMORROW)
Fleetwood Mac

3 de novembre de 1992. Bill Clinton guanya les eleccions presidencials dels Estats Units.

El 3 de novembre de 1992, després d'una renyida campanya electoral, Bill Clinton posava fi a més d'una dècada de mandat republicà a la Casa Blanca. Havia aconseguit posicionar-se com a líder del partit demòcrata després que aquest hagués perdut per molt marge en les tres eleccions anteriors, dues contra Ronald Reagan i una contra George H. W. Bush. Clinton arribava a la cursa per la presidència després d'un mandat de nou anys com a governador d'Arkansas i amb el repte d'aprofitar el descontentament que Bush havia generat entre part del votant conservador quan va trencar la seva promesa de campanya contra la recaptació d'impostos en un moment en què el país es trobava en plena recessió. Així que va decidir centrar-se en les preocupacions de la vida quotidiana dels americans i especialment en els aspectes vinculats al sistema sanitari i l'economia, aquests darrers expressats en una frase que gairebé va funcionar com a eslògan durant tota la campanya: «The economy, stupid»

(És l'economia, estúpid). La bona rebuda que va tenir aquest enfocament entre l'electorat, li va donar els vots necessaris per superar els resultats de Bush i del candidat independent Ross Perot. Però més enllà de l'estratègia de contingut polític, en la victòria de Bill Clinton en aquells comicis hi va haver un altre element determinant: «Don't Stop» de Fleetwood Mac.

Quan Clinton va irrompre en la política presidencial tot just tenia 47 anys, i això el connectava amb tota una generació que, com ell, havia crescut amb la revolució cultural i musical dels seixanta i setanta. Arribada la dècada dels noranta, aquells joves, convertits ja en persones madures, se sentien prou preparats per prendre el relleu als qui durant el cicle conservador havien ocupat els llocs de poder i que, com Bush, que n'acabava de fer setanta, eren la imatge d'un món caduc. Clinton va voler aprofitar aquest avantatge sobre el seu antiquat contrincant per presentar-se com un candidat modern i trencador. I per treballar aquesta imatge va aliar-se amb el rock-and-roll. El jove presidenciable demòcrata tenia clar que necessitava una cançó que representés aquella generació de votants que sabia que eren la clau per aconseguir la victòria a les urnes. Buscava una cançó que presentés un nou horitzó, un missatge rejovenit i un nou plantejament de la política. I tot això és el que va trobar en el *hit* de Fleetwood Mac.

Inclòs a l'exitós àlbum *Rumours* de la banda londinenca, «Don't Stop» havia arrasat als Estats Units el 1977 i havia arribat a col·locar-se al *top* 3 de la llista Billboard. Era un tema alegre, positiu i amb una tornada que condensava el missatge que l'equip de Bill Clinton volia transmetre:

«don't stop thinking about tomorrow; don't stop, it'll soon be here, It'll be, better than before; yesterday's gone» (no paris de pensar en el futur; no paris, aviat arribarà; serà millor que mai; el passat ja ha marxat). La cançó parlava de la superació d'una ruptura amorosa, però la lletra funcionava a la perfecció adaptada a un missatge polític de canvi i esperança. Era justament l'element emocional que li calia a Clinton per il·lusionar els ciutadans i va acabar tenint un paper clau en els 45 milions de vots que finalment li van donar la clau que obria la porta del despatx oval.

Quan tres mesos més tard es va celebrar l'acte d'investidura que el convertia en el quaranta-dosè president dels Estats Units, Bill Clinton va voler fer un reconeixement a la cançó que l'havia guiat durant tota la campanya, així que va convidar Fleetwood Mac a interpretar-la en el seu ball inaugural. El repte no era fàcil, ja que els membres de la formació musical que havia gravat «Don't Stop» feia anys que no tocaven junts i, de fet, estaven mig barallats. Però era difícil rebutjar la invitació del flamant nou inquilí de la Casa Blanca, així que Mick Fleetwood i Stevie Nicks van aparcar per una nit les seves diferències i van acceptar. L'actuació va acabar amb tota la família Clinton pujant a l'escenari acompanyada de Michael Jackson, Chuck Berry, Sally Field, Warren Beatty i molts altres convidats especials que es van afegir a aquest tancament d'acte multitudinari.

23

ENGLISHMAN IN NEW YORK

Sting

21 de novembre de 1999. Mor l'escriptor Quentin Crisp.

Nascut com a Denis Charles Pratt però conegut per tothom pel seu nom artístic, Quentin Crisp va ser un excèntric escriptor britànic que la dècada dels trenta va desafiar les modes i les convencions exhibint el seu caràcter desacomplexadament efeminat. Amb el seu humor agut i amb la seva perspicàcia, amb el temps Crisp es va convertir en tota una icona gai que, als anys setanta, coincidint amb la publicació de les seves memòries, va atreure l'interès d'un públic més ampli.

Amb el provocador títol *The Naked Civil Servant*, Quentin Crisp presentava, amb la gràcia inimitable que el caracteritzava, un relat agredolç i enginyós de la seva vida just un any després de la despenalització de l'homosexualitat al Regne Unit. El llibre i l'exitosa adaptació cinematogràfica que se'n va fer posteriorment, van contribuir enormement a la fama de Crisp. Les entrades de les obres que representava a Londres s'esgotaven a cada funció i aquesta bona acollida el va animar a presentar els seus espectacles a Nova York, una ciutat que el va acollir amb els braços oberts i on finalment va decidir instal·lar-s'hi.

A finals de 1986, Quentin Crisp va rebre al seu apartament de Manhattan la visita d'un altre artista britànic: Sting. L'exlíder de The Police feia un parell d'anys que havia encetat la seva carrera en solitari i estava treballant ja en material nou per al seu següent treball discogràfic. Durant el sopar que van compartir aquell vespre, Crisp va explicar al músic com havia estat de complicada la vida d'un home homosexual com ell en la Gran Bretanya homòfoba de la primera meitat del segle XX. Sting va quedar tan fascinat pel relat d'aquella experiència, i l'enfocament que el seu amfitrió havia sabut donar-li, que va decidir escriure-li una cançó. La va titular «Englisman in New York», i hi contraposava els estereotips de la vida britànica i americana, cosa que ressaltava la tenacitat de Crisp en la reivindicació de la seva personalitat per sobre dels convencionalismes. Tot això ho feia posant l'èmfasi en una frase que resumia la màxima que va guiar Quentin Crisp al llarg dels anys: «be yourself no matter what they say» (sigues tu mateix sense importar què diguin els altres).

Per a aquesta cançó, que un any més tard es convertiria en un dels temes més exitosos de *Nothing Like the Sun*, Sting va voler fer una barreja eclèctica de música per transmetre la gran varietat de sons que es poden sentir als carrers de Nova York. Violins, clavicèmbals barrocs, acords de reggae i melodies de jazz conviuen a «Englishman in New York» acompanyant la veu del cantant britànic en un intent de transmetre la percepció que té algú que camina pels carrers de The Big Apple i que mentre passa per diferents punts de la ciutat va trobant-se aquestes pinzellades musicals.

Aquesta mateixa atmosfera en què es desenvolupa la cançó és la que va voler recrear el cineasta David Fincher en el videoclip que li van encarregar del tema. El resultat, una peça en blanc i negre que segueix Sting recorrent els carrers novaiorquesos nevats i en la qual s'hi van alternant imatges d'un ancià, Quentin Crisp, a punt d'entrar en la vuitantena. La difusió d'aquest videoclip va contribuir al reconeixement mundial d'aquest autor i va quedar en el record com un homenatge a la seva figura. La mort el va sorprendre a Manchester el 21 de novembre de 1999, la vigília d'una reedició nacional del seu espectacle de monòlegs *Una nit amb Quentin Crisp*. El seu cos va ser cremat un parell de dies més tard en una cerimònia molt discreta i les seves cendres es van portar a Nova York per ser escampades sobre Manhattan.

24

ENOLA GAY
OMD

6 d'agost de 1945. Es llança la bomba atòmica sobre Hiroshima.

Quan el seu fill es va allistar a l'exèrcit, poc es podia imaginar Enola Gay Tibbets que es convertiria en la mare del pilot encarregat de llançar la bomba atòmica sobre Hiroshima. I menys encara que ho faria des d'un avió que portaria el seu nom. Paul Tibbets s'havia allistat com a cadet de l'exèrcit de l'aire dels Estats Units el 1937 i al cap de sis anys, en plena Segona Guerra Mundial i ja com a comandant, es va convertir en un dels pilots que més experiència tenia en avions pesants. Les seves nombroses incursions aèries en l'Europa ocupada i les 400 hores de vol que posteriorment va acumular a bord d'un B-29 van fer que fos escollit per entrenar una unitat especial que s'havia d'encarregar de la supervisió de les modificacions que calia fer a aquest model de nau per tal que pogués transportar la bomba que havia de posar fi a la guerra. El dia previ al llançament, mentre ultimaven els preparatius de la històrica missió, Tibbets va assumir el comandament del bombarder i el va fer retolar amb el nom de la seva mare en un gest que, a banda de ser un homenatge a la dona que l'havia dut al món, era molt escaient per transportar un projectil que havia estat batejat com a *Little Boy*.

A les 8.15 h del 6 d'agost de 1945, tal com estava previst, es va produir el llançament. L'*Enola Gay* va deixar anar la bomba des d'una altura de 9.450 metres i 43 segons més tard, quan el cap nuclear es trobava a 600 metres d'Hiroshima, la van fer detonar. L'onada de foc resultant de l'explosió va volatilitzar tota la fusta, la carn i fins i tot l'acer que va trobar al seu pas. Dos enormes bolets apocalíptics es van alçar sobre la ciutat japonesa a més de 13.000 metres sobre les cendres radioactives. I en un diàmetre d'uns 12 quilòmetres no va quedar res viu. Les autoritats nipones van determinar que el 69% dels edificis van ser destruïts, 80.000 persones van morir i 70.000 més van resultar ferides.

La diversitat d'opinions respecte al llançament de la bomba atòmica sobre Hiroshima, i tres dies més tard sobre Nagasaki, va generar una polèmica aferrissada entre els que defensaven que el seu ús havia aconseguit escurçar la guerra, i, per tant, salvar més persones que no va pas en va matar, i els que ho consideraven una acció inhumana i totalment reprovable que havia costat la vida de moltes persones innocents. Aquesta controvèrsia continua oberta encara avui dia i ha estat tractada en diferents manifestacions artístiques al llarg de la història, especialment en el cinema i la literatura. En el camp musical, un bon exemple és «Enola Gay», la que probablement és la cançó més famosa de la banda britànica de música electrònica Orchestral Manoeuvres in the Dark, més coneguda per les seves sigles OMD.

El cantant i baixista del grup, Andy McCluskey, va agafar el nom d'aquell avió des del qual trenta-cinc anys abans s'havia fet el llançament del *Little Boy* per titular la cançó antibel·licista que va convertir-se en el quart single del grup i en un dels temes inclosos en el seu segon àlbum d'estudi, *Organisation*. La lletra de la cançó es refereix directament a la bomba i interpel·la l'oient amb frases sobre si aquella va ser una decisió correcta. «It's 8:15 and that's the time that it's always been» (Són les 8.15 h i és l'hora que sempre ha estat), diu en un dels seus versos en al·lusió directa a l'hora del llançament. En un altre, es pregunta «Is mother proud of "Little Boy" today?» (Deu estar orgullosa del «Nen Petit» avui, la mare?). La publicació d'«Enola Gay» va coincidir amb una altra polèmica al voltant de la decisió de la llavors primera ministra britànica, Margaret Thatcher, de permetre que els Estats Units estacionessin míssils nuclears al seu territori. Un context molt oportú per al llançament d'una bomba musical com va ser «Enola Gay» aquell 1980.

25

EVERY BREATH YOU TAKE
The Police

28 de maig de 1908. Neix Ian Fleming, creador de James Bond.

«Bond, James Bond». Amb aquesta mítica frase solia presentar-se l'agent secret amb número de codi 007 creat per Ian Fleming. Nascut en una família benestant, aquest escriptor britànic va fer-se famós gràcies a la col·lecció de dotze novel·les i nou relats que va escriure entre 1953 i 1966 sobre aquest personatge. El salt de la saga a la gran pantalla amb un total de 25 pel·lícules (no totes basades en guions de l'autor) va fer créixer encara més la popularitat del protagonista de l'obra de Fleming, que s'ha acabat convertint en tota una icona cultural universal.

Tot i que no és un personatge autobiogràfic, Fleming va crear James Bond a partir de la seva experiència. Durant la Segona Guerra Mundial va treballar per a la Divisió d'Intel·ligència Naval de la Gran Bretanya, i va participar en diverses operacions. La tasca que va desenvolupar en aquella època i la seva carrera periodística van donar-li el context i les eines idònies per a la creació de tot l'imaginari d'aquest espia de ficció. Un cop acabada la contesa, va decidir anar-se'n a Jamaica, on es va fer construir una casa que va batejar com a Goldeneye. En aquesta mansió d'arquitectura clàssica caribenya, de grans jardins i platja privada, Fleming va escriure totes les seves novel·les sobre James Bond i és on va viure llargues temporades de la seva vida.

Anys després de la seva mort, el fundador d'Island Records va comprar la propietat i al llarg dels anys setanta i vuitanta hi va convidar molts artistes i amics. En una d'aquestes visites, diuen que justament a l'escriptori que havia estat de Fleming, Sting va compondre-hi un dels grans èxits de The Police: «Every Breath You Take». Era l'estiu de 1981 i el seu matrimoni amb l'actriu nord-irlandesa Frances Tomelty, amb qui s'havia casat el 1976 i hi havia tingut dos fills, estava a punt de trencar-se. El músic britànic havia acceptat la invitació d'anar a passar uns dies a Goldeneye i explica que una nit es va despertar amb la frase «every breath you take, every move you make I'll be watching you» (cada cop que respiris, cada moviment que facis, t'estaré observant) a partir de la qual va crear la resta de la cançó. Amb els anys, el músic ha manifestat el seu desconcert davant la interpretació romàntica i positiva que molta gent atribueix a la lletra, ja que explica que ell la va escriure sota els efectes del dolor d'un amor no correspost, la gelosia i l'actitud controladora que sovint comporten aquests sentiments.

El desembre de l'any següent, als estudis AIR d'una altra illa caribenya, Montserrat, s'enregistraven les pistes bàsiques de *Syncronicity*, l'àlbum que The Police va editar el juny de 1983 i del qual «Every Breath You

Take» en va ser el primer senzill. Sobre aquest primer material, els tres components de la banda van gravar els seus instruments de forma separada, tant per aconseguir un millor so com per no forçar la relació entre tots tres, que en aquell moment ja no era gaire bona. L'èxit de l'àlbum i del tema que l'encapçalava va ser rotund. Havia sorgit d'una ruptura, la sentimental del líder de la banda amb la seva dona; i en desencadenava una altra, la de The Police. I és que aquest va ser el darrer disc que Sting, Andy Summers i Stewart Copeland van fer plegats abans que la banda es dissolgués l'estiu de 1984.

26

EVERYBODY'S TALKING
Harry Nilsson

19 de setembre de 1969. S'estrena la pel·lícula *Midnight Cowboy*.

Més enllà de les seves qualitats artístiques i tècniques, *Midnight Cowboy* (*Cowboy de mitjanit* en la seva versió en català) ha passat a la història del cinema per ser l'únic film classificat amb l'etiqueta X per les seves escenes eròtiques que ha aconseguit guanyar l'Oscar a la millor pel·lícula. Dirigida per John Schlesinger i protagonitzada per Dustin Hoffman i Jon Voight, narra la història d'un jove texà que s'estableix a Nova York per convertir-se en gigoló. La realitat decebedora amb què es troba un cop allà l'arrossega cap a un món sòrdid d'ambients llòbrecs i circumstàncies marginals estremidores. El retrat ridícul que la pel·lícula fa d'aquest cowboy és un dels elements que fan que, juntament amb *The Misfits* de John Huston, *Midnight Cowboy* es consideri un dels films que marca el final de l'edat d'or dels westerns americans.

Però aquest títol ha quedat també associat a «Everybody's Talking», la cançó principal de la seva banda sonora i que sona en l'obertura del film. Aquest és un tema escrit el 1967 pel cantant i compositor Fred Neil i que en el moment del seu llançament va passar força desapercebut. La peça, però, va captar l'atenció d'un llavors desconegut Harry Nilsson, que va decidir versionar-la uns mesos més tard i incloure-la en un disc que va titular *Aerial Ballet.* Nilsson no va tenir gaire més èxit que Neil amb la seva interpretació del tema però la sort d'«Everybody's Talking» va canviar el 1969 gràcies a *Midnight Cowboy.* Nilsson va assabentar-se que Shlesinger buscava la peça central de la pel·lícula i va proposar-li un tema seu titulat «I Guess The Lord Must Be in New York City», que era sospitosament molt semblant al que havia reinterpretat de Neil. Però el director el va descartar i en el seu lloc va triar la seva versió d'«Everybody's Talking».

L'impuls cinematogràfic que el film va donar a la cançó i al seu autor va ser enorme. El disc va superar el milió de còpies venudes i Nilsson va guanyar, per la seva interpretació, el Grammy que l'acreditava com a millor intèrpret vocal masculí d'aquell any. Després d'aquest gran èxit, el músic va passar una època complicada en què, refugiat en la beguda, intentava trobar un nou tema que l'ajudés a mantenir-se en l'alt nivell musical en què l'havia situat «Everybody's Talking». Però les muses no apareixien i no semblava capaç d'escriure res que estigués a l'alçada. I no va ser fins al 1971, quan al tocadiscos d'una festa van sonar les notes d'un tema titulat «Without You», que Nilsson va adonar-se que acabava d'escoltar la cançó que buscava. En un primer moment es va pensar que era un tema dels Beatles, i quan va saber que era dels

Badfinger, ja havia decidit que volia fer-se seva aquella cançó. Uns mesos més tard, la seva versió de «Without You» es convertia en un èxit mundial que va superar fins i tot les xifres de venda i popularitat aconseguides amb «Everybody's Talking». Així doncs, Nilsson ha passat a la història de la música com un compositor prolífic però que paradoxalment no és autor de cap dels dos temes pels quals és recordat.

27

FOREVER YOUNG
Alphaville

12 de novembre de 1982. Iuri Andrópov és escollit secretari general del PCUS.

Després de divuit anys de mandat de Leonid Bréjnev, el 12 de novembre de 1982 Iuri Andrópov assumia el càrrec de secretari general del Comitè Central del Partit Comunista de la Unió Soviètica (PCUS). Andrópov arribava al Kremlin amb un pla reformista orientat a revitalitzar l'economia del país, greument estancada durant els darrers temps del seu antecessor. Però els problemes de salut el van apartar molt aviat de l'activitat política i va acabar morint el febrer de 1984 sense haver pogut dur a terme els grans canvis que s'havia marcat com a objectiu.

Els quinze mesos que Andrópov va estar al capdavant de l'URSS van transcórrer en plena escalada de tensió de la Guerra Freda. El món vivia atemorit davant les constants amenaces de les dues grans potències mundials i el pànic davant la perspectiva que s'acabés desencadenant una tercera guerra mundial planava sobre els ciutadans d'arreu del planeta. Aquesta preocupació generalitzada i la incomprensió davant el fet que els governs no fessin res per aturar aquesta creixent incertesa va traslladar-se fins i tot als més petits. Aquest va ser el cas de Samantha Smith, una nena americana de 10 anys que aquell 1984 va convertir-se en la veu de tots aquells que anhelaven l'arribada de la fi de les tensions entre soviètics i americans.

Quan Andrópov va ser nomenat cap de l'URSS, la premsa dels Estats Units li va dedicar un gran nombre de portades i articles amb opinions força crítiques sobre la seva arribada al poder i les repercussions negatives que això tindria. I quan aquella nena de primària va veure el tema destacat en un exemplar de la revista *Time*, va decidir escriure al president soviètic per preguntar-li directament si volia o no declarar aquella guerra amb la qual tots els adults especulaven. La carta de Samantha Smith no només va arribar al Kremlin, sinó que va tenir resposta del seu destinatari, el qual li va intentar contestar a totes les seves preguntes i la va convidar a l'URSS. La nena va acceptar la invitació i, acompanyada dels seus pares, el juliol de 1983 va viatjar a Moscou i Leningrad en una visita organitzada pel Govern soviètic que va tenir un gran seguiment mediàtic i que va acabar convertint-la en tot un símbol de la lluita per la pau entre tots dos països.

Un any més tard, la joventut d'aquella nena i la por a una guerra nuclear que ella mateixa havia descrit en la seva correspondència amb Iuri Andrópov van convertir-se en la inspiració d'una de les balades icòniques dels vuitanta: «Forever Young». Va ser un dels grans èxits de la banda alemanya Alphaville, una formació de Münster que es va fer força popular a principis de la dècada amb el seu primer single «Big in Japan» i amb el qual va posicionar-se com una de les bandes destacades de l'anomenada New Wave. Però així com en els versos de la seva cançó de debut abordaven la història d'una parella berlinesa atrapada en l'addicció a l'heroïna, fent servir el nom d'un venedor de cassets que es movia per la mateixa zona que ells i que es feia dir Big in Japan, a «Forever Young» van apostar per una lletra que expressava el clima de tensió política que es vivia aquells anys. La cançó està plantejada en un doble sentit irònic que, d'una banda, defensa la virtut de la joventut i, de l'altra, la condemna amb expressions literals com «Do you really want to live forever?» (Vols realment viure per sempre?) en el marc de l'amenaça constant d'una guerra devastadora provocada per l'enfrontament entre les dues superpotències i a les quals s'interpel·la directament amb versos com «Are you gonna drop the bomb or not?» (Deixareu anar la bomba o no?).

Afortunadament, el temut holocaust nuclear no va arribar i la desescalada d'amenaces entre soviètics i americans va posar fi a la Guerra Freda uns anys més tard amb la caiguda del mur de Berlín i la conseqüent desfeta del bloc soviètic de països europeus. Samantha Smith, però, no va viure prou per veure-ho, ja que l'agost de 1985 va perdre la vida en un accident aeri. Després de la seva tràgica mort, va ser homenatjada de diferents formes, tant als Estats Units com a l'URSS. En aquest país, que la va acollir durant quinze dies l'estiu de 1983, la seva imatge es va estampar en una edició especial de segells, gràcies als quals aquella nena somrient és recordada, com diu la cançó, sempre jove.

28

FOUR SEASONS IN ONE DAY

Crowded House

30 d'agost de 1835. Es funda la ciutat australiana de Melbourne.

Melbourne és una de les poblacions més importants d'Austràlia. Va ser capital del país des del 1901 fins al 1927, any en què el centre polític es va traslladar a Canberra. Tot i així, el creixement econòmic, social i cultural de la ciutat no se'n va veure afectat i va continuar desenvolupant-se, fins al punt d'haver estat escollida en diverses ocasions com un dels millors llocs del món per viure-hi.

L'enclavament on avui s'aixeca Melbourne va ser descobert per John Batman la primavera de 1835. Aquest explorador procedent de Tasmània (llavors anomenada Terra de Van Diemen) va ser qui va negociar amb els ancians de la tribu aborigen wurundjeri que ocupava el territori la transacció d'aquell terreny a canvi de 2.400 quilòmetres quadrats. Batman va seleccionar un emplaçament al nord del riu Yarra i va declarar que aquell seria el lloc on es construiria un nou poble.

El 30 d'agost d'aquell mateix any va arribar el primer grup de colons disposat a instal·lar-se en aquell indret i aquesta va ser la data que la ciutat va adoptar com al seu moment fundacional.

La seva topografia plana, el fet d'estar ubicada a la badia de Port Phillip i la influència de la serralada de Dandenong que la flanqueja per l'est fan que Melbourne tingui un clima molt particular. En qualsevol moment de l'any la ciutat pot despertar-se amb un sol radiant que n'escalfa els carrers, al migdia patir vents freds que fan baixar la temperatura uns quants graus i aguantar un diluvi a l'hora de sopar. Aquesta imprevisibilitat meteorològica ha fet que amb els anys se la conegui com «la ciutat de les quatre estacions en un dia».

L'expressió està tan arrelada a la cultura popular australiana que no és estrany que, quan Neil i Tim Finn van decidir escriure una cançó dedicada a Melbourne, n'agafessin l'essència per titular el tema. Aquella referència al temps canviant de la ciutat descrivia a la perfecció la diversitat de sentiments que pot experimentar algú en un moment de desconcert i que el pot fer passar, en un mateix dia, per estats d'ànim tan diferents com la felicitat, la tristesa, la ràbia. Així que, aprofitant aquest paral·lelisme, van escriure la lletra d'un tema que combina bellesa i cruesa per expressar un desengany sentimental i que s'ha convertit en un dels clàssics de Crowded House.

A l'inici, «Four Seasons in One Day» havia de formar part de l'àlbum de debut de Finn Brothers, el duet que tots dos van formar el 1989, però finalment no van incloure la cançó al disc, i tres anys més tard la van rescatar per a

Woodface, el tercer treball d'estudi de Crowded House. La banda formada pels dos germans Finn, Paul Hester i Nick Seymour va ser una de les formacions més destacades del panorama musical australià i neozelandès de finals dels vuitanta i principis dels noranta. Originalment es va presentar com The Mullanes, però a la discogràfica amb qui van signar per enregistrar el seu primer àlbum no li acabava de fer el pes aquest nom i van decidir canviar-lo per Crowded House (casa plena de gent, literalment) en referència al petit apartament de Los Angeles on es van instal·lar els músics durant la gravació.

A aquest treball publicat el 1986, en van seguir tres més plens de temes reeixits i que van fer triomfar Crowded House arreu del món amb el seu pop elegant, en què destacaven les harmonies vocals i les melodies efectives. No obstant això, i sense que mai acabessin de saber-se'n les raons, el 1996 la banda va anunciar la seva separació. Al darrer concert que van oferir a l'exterior de l'Òpera de Sidney hi van assistir més de 125.000 persones que no es van voler perdre el comiat d'una de les formacions que ha deixat empremta en la història de la música feta des del continent australià.

29

GIMME HOPE JO'ANNA
Eddy Grant

15 d'octubre de 1984. Desmond Tutu rep el Premi Nobel de la Pau.

El 15 d'octubre de 1984 el clergue i pacifista de Sudàfrica Desmond Tutu era guardonat amb el Premi Nobel de la Pau per la seva lluita constant contra l'apartheid que durant dècades va regir aquest país. Dos anys més tard l'ordenaven arquebisbe anglicà de Ciutat del Cap i es convertia així en el primer sud-africà negre que ocupava aquest càrrec. Des d'aquesta posició, Tutu va continuar la seva tasca incansable contra la política de segregació racial fins a la seva erradicació. I quan el 1994 es van celebrar les eleccions democràtiques que van convertir Nelson Mandela en el nou president electe, va ser nomenat director de la Comissió per a la Reconciliació i la Veritat, l'organisme que va denunciar les atrocitats comeses per ambdues bandes i que ha esdevingut tot un exemple arreu del món.

Tot i que era present i activa des de feia dècades, la visibilitat mundial de la lluita contra l'apartheid no va arribar fins a la dècada dels vuitanta. A les potències occidentals, que durant la Guerra Freda havien fet la vista grossa a canvi que el règim sud-africà combatés els aliats africans de la Unió Soviètica, cada cop se'ls feia més difícil mantenir el seu suport a un govern que no mostrava cap intenció de canviar la seva política obertament racista. En aquells anys, entitats internacionals i personalitats del món artístic es van fixar en la situació d'aquest país i van articular diferents accions i campanyes per denunciar-la. I en aquest context, la música hi va jugar un paper essencial. Diversos músics van participar en concerts per reclamar la fi de la segregació racial; i d'altres, fins i tot, van compondre cançons per combatre-la. És el cas d'Eddy Grant, un músic nascut a la Guyana i criat a Londres, i que el 1988 va llançar la seva personal protesta contra la situació sud-africana amb «Gimme Hope Jo'anna».

Publicada en el període més repressiu i sagnant de l'apartheid, aquesta cançó festiva de tornada enganxosa presentava una lletra que era tot un cant a la llibertat de les minories oprimides del país. Els seus versos estaven farcits de referències a les injustícies que es produïen diàriament contra la població negra. A partir d'una lletra construïda a partir de la personificació de Johannesburg en Jo'anna, Grant va articular tot un discurs per reclamar la fi d'aquell sistema que segregava la població pel seu color de pell, sotmetent la minoria negra. Amb «Gimme Hope Jo'anna» (Dona'm esperança Jo'anna), Grant cantava a la ciutat més poblada del país, i des d'on demanava que s'estengués l'abolició de la política de l'apartheid. Al llarg de les seves estrofes, el tema descriu diverses situacions i conseqüències de l'aplicació d'aquest sistema, però també esmenta diferents elements que eren símbol dels dos mons que contraposava. Fa referència al barri negre de Soweto; a Mandela, que en aquella època encara es trobava empresonat; a Sun City, el complex hoteler que el 1985 va inspirar el projecte col·laboratiu de diferents músics per conscienciar l'opinió internacional del problema sud-africà; i també, a Desmond Tutu, com un dels grans lluitadors contra el sistema.

Immediatament després del llançament de «Gimme Hope Jo'anna», el Govern sud-africà la va prohibir, però no va poder impedir que el tema es difongués per altres canals i que en mercats com el britànic es convertís en un *top ten* durant més de cinc anys seguits. La seva música alegre va fer que molts dels que la van ballar als vuitanta no en copsessin el component reivindicatiu de la lletra, tot i que el seu videoclip era molt explícit. Amb el temps ha acabat considerant-se un dels himnes pacifistes més corejats d'Europa i Àfrica.

30

THE GIRL FROM IPANEMA

Stan Getz & Astrud Gilberto

5 d'agost de 2016. S'inauguren els Jocs Olímpics de Rio de Janeiro.

Una tarda de 1962, el compositor Tom Jobim i el poeta Vinicius de Moraes es van trobar, com feien sovint, en una de les terrasses més famoses del barri carioca d'Ipanema. Mentre xerraven i bevien plegats, va passar per davant seu una jove d'una bellesa tan enlluernadora que va fer que tots dos quedessin bocabadats. Després d'aquell primer impacte, i des de la mateixa taula, la van veure passar un parell de cops més en les setmanes següents, causant-los el mateix efecte encisador. La noia tenia 17 anys i es deia Heloísa Eneida Menezes Paes Pinto, però tothom la coneixia simplement com Helô Pinheiro. Jobim i De Moraes la van convidar a seure amb ells, però ella, tot i sentir-se afalagada, es considerava massa jove i tímida per acceptar la invitació. Els dos artistes van entendre la seva resposta, però van marxar cap a casa amb la necessitat d'escriure-li una cançó.

La primera gravació que hi ha del tema és d'una sessió en directe en un club nocturn de Copacabana anomenat Au Bon Gourmet. En aquesta primera versió, a banda de Jobim i De Moraes, hi van participar João Gilberto, Os Cariocas, Otávio Bailly i Milton Banana. Però la popularització de «Garota de Ipanema», o «The Girl from Ipanema» (segons l'idioma de la versió), va arribar quan la primavera de 1963 Stan Getz i João Gilberto la van enregistrar acompanyats de Jobim al piano per a l'àlbum *Getz/Gilberto.*

A mesura que aquella peça anava fent-se famosa, cada cop més gent es preguntava qui devia ser aquella noia de qui parlava la cançó. Finalment, amb la voluntat de desvetllar el misteri, Vinicius de Moraes va localitzar la mare de la jove i li va explicar que s'havia inspirat en la seva filla per escriure la lletra del tema. La revelació va agafar-la per sorpresa. I un cop es va fer pública la seva identitat, la vida d'Helô Pinheiro es va transformar i va passar de ser una simple estudiant de magisteri a ser coneguda per tothom. Ben aviat es va convertir en el centre de totes les mirades, i periodistes de tot el país li demanaven de fer entrevistes i sessions fotogràfiques. Va fer d'actriu, de presentadora de televisió, de representant d'una marca de roba i, fins i tot, va posar per a la revista *Playboy.*

Amb el temps, «The Girl from Ipanema» s'ha convertit en una de les melodies brasileres més conegudes arreu del món i en una de les cançons més versionades de la història. Frank Sinatra, Cher, Ella Fitzgerald o Amy Winehouse són alguns dels artistes que n'han fet les seves pròpies interpretacions. La cançó ha passat a ser un símbol de la platja d'Ipanema i, de fet, una institució de Rio de Janeiro i un símbol del Brasil. Per això no és estrany que quan la ciutat va acollir la celebració dels Jocs Olímpics el 2016, fos una de les cançons triades per a la cerimònia d'inauguració. Aquell 5 d'agost, l'escollida per ser la noia d'Ipanema va ser Gisele Bündchen. La model brasilera va travessar el mític estadi de Maracaná desfilant al ritme de les notes de la cançó interpretades al piano pel net de Tom Jobim, davant l'atenta mirada dels 3.000 milions de persones que van seguir l'esdeveniment per la televisió.

31

GO WEST
Pet Shop Boys

3 de març de 1706. Mor el compositor clàssic Johann Pachelbel.

El 3 de març de 1706 moria a Nuremberg el compositor, clavicembalista i organista Johann Pachelbel. Considerat un dels grans mestres de l'època barroca, les seves composicions van ser tot un model per als autors del Sacre Imperi Germànic. Però la seva influència s'estén més enllà del segle XVIII i no només es redueix a la música clàssica. El seu «Cànon en Re Major», la peça més popular del seu repertori, ha servit de base de moltes cançons del segle XX.

La seqüència harmònica dels instruments de corda del cànon de Pachelbel és fàcilment reconeixible gràcies a la repetició d'una mateixa melodia al llarg de la composició. En aquest cas, l'autor va fer servir una estructura en progressió basada en els acords Do-Sol-Lam-Mim-Fa-Do-Fa-Sol, i que ha resultat ser la clau de l'èxit de moltes produccions musicals dels nostres dies. «Cryin» d'Aerosmith, «Basket Case» de Green Day o «Don't Look

Back in Anger» d'Oasis són només alguns exemples de cançons que han triomfat utilitzant aquesta fórmula.

Però de tots els grups que han aprofitat aquesta recepta infal·lible, cap ho ha fet d'una forma tan original com ho van fer els Pet Shop Boys a principis dels noranta amb la versió d'un single de The Village People. Aquesta banda de música disco, que es va fer mundialment famosa per les disfresses amb què actuaven els seus membres, va llançar «Go West» el 1979. El tema seguia un patró semblant al de «Y.M.C.A.» o «In the Navy», però no van aconseguir que «Go West» fos tan popular com aquestes altres peces i va acabar tenint un pas discret per les llistes musicals d'aquell any.

El títol de la cançó ve d'una frase del segle XIX que alguns atribueixen a Horace Greeley, qui va ser director del *New York Tribune* i un dels fundadors del Partit Republicà. L'expressió original era «Go West, young man» (Ves a l'Oest, jovenet), i feia referència a la conquesta de l'Oest americà. Però la identificació de The Village People amb l'entorn gai també ha propiciat que alguns hagin interpretat aquest «Go West» com una indicació cap a San Francisco, ciutat referent als anys setanta del moviment d'alliberació homosexual. O fins i tot, pel context de la Guerra Freda que es vivia en aquella època, també s'ha entès com un sentiment prooccidental enfront del món comunista.

Agafant totes aquestes especulacions, el 1992 Chris Lowe i Neil Tennant van reformular la cançó per complet sense alterar, això sí, la base de Pachelbel. La idea de recuperar-la va sorgir arran d'una petició que els van fer per a una actuació benèfica contra la sida, i l'any següent van decidir gravar-la i incloure-la a l'àlbum *Very*. El resultat va ser una versió del tema de The Village People adaptada al so del pop electrònic que ha acompanyat els Pet Shop Boys al llarg de les tres darreres dècades.

Per a l'arrencada del tema, van agafar la melodia principal i la van fusionar amb els acords de l'himne de l'URSS, un inici que al videoclip es va completar amb imatges de la iconografia soviètica, alternada amb símbols de la cultura americana. La cançó ràpidament es va situar al capdamunt de les llistes principals, i es va convertir així en un dels grans èxits del duet britànic. De fet, des de fa anys, és el tema que utilitzen habitualment per tancar els seus concerts. Un dels més recordats va ser el que van fer el juliol de 2005 a la plaça Roja de Moscou i en què els Pet Shop Boys van aconseguir que «Go West» fos corejada per tot el públic assistent.

32

GOLDFINGER

Shirley Bassey

25 d'agost de 1930. Neix l'actor Sean Connery.

Tot i que el personatge de James Bond ha estat interpretat per un total de sis actors diferents en les adaptacions cinematogràfiques de les novel·les d'Ian Fleming, hi ha força consens a considerar que qui més va assentar les característiques de l'agent 007 va ser Sean Connery. Entre 1962 i 1983, l'actor escocès es va posar en la seva pell en un total de set pel·lícules i va modelar el personatge presentant-lo com l'home dur, enginyós, impassible i irresistible que ha seduït diverses generacions a través de la gran pantalla. Si bé és cert que la primera aparició de James Bond fora de les novel·les va anar a càrrec de l'actor americà Barry Nelson, que el va interpretar el 1954 a l'adaptació que el programa de televisió *CBS Climax* va fer de *Casino Royale*, es considera que Connery va ser el James Bond original.

La primera immersió de Connery en el paper de James Bond la va fer a *Dr. No*, amb Ursula Andress com a companya de repartiment, i l'èxit de taquilla que va suposar-ne l'estrena va animar els productors a continuar adaptant les novel·les de Fleming i a comptar amb Connery en sis ocasions més. Amb ell, aquell agent secret del servei britànic va fer-se mundialment famós i tot l'imaginari que Fleming va plasmar en els seus llibres va convertir-se en una icona universal. Les pel·lícules són una adaptació força fidel de les novel·les, però el desplegament audiovisual hollywoodià van aportar-hi alguns elements addicionals que, amb el temps, han esdevingut trets identificatius de la saga. Sens dubte, la seva banda sonora n'és un.

Encarregades a artistes de renom, les músiques que han acompanyat les pel·lícules de James Bond al llarg de la història són ja peces clàssiques de la música cinematogràfica. El tema central, comú a totes elles i estrenat a *Dr. No*, és obra del compositor Monty Norman, però va ser John Barry qui va fer-ne els arranjaments i va dirigir l'orquestra que el va interpretar. Barry va ser l'encarregat de la musicalització de tots els títols de la primera època. Però va ser també l'autor de la cançó principal de *Goldfinger*, el tercer dels Bond de Connery i tot un clàssic del cinema.

Amb lletra de Leslie Bricusse i Anthony Newley, «Goldfinger» va suposar el primer *hit* musical de James Bond. La cançó va ser interpretada per Shirley Bassey, una cantant gal·lesa que ha passat a la història com la intèrpret musical que més cops ha cantat un tema per a una pel·lícula de l'agent 007. Guy Hamilton, el director de la pel·lícula, només va donar una indicació als lletristes: que als versos hi incloguessin el nom del personatge que donava nom al film. A Barry, li va suggerir que escoltés

«Mack the Knife», un tema que pensava que podia ser una bona font d'inspiració. Quan li van presentar la primera versió del tema acabat, el primer comentari de Hamilton va ser de sorpresa a l'advertir que les tres primeres notes fossin clavades a les de «Moon River», però el resultat global del tema li va agradar i el va donar per bo a la primera.

Amb la cançó acabada, va començar la cerca de la veu per interpretar-la, i després de considerar diferents opcions, Shirley Bassey els va semblar la tria perfecta. Era una cantant de certa anomenada i tenia un registre que li permetria arribar a les notes més altes. La gravació, però, no va ser tan senzilla com s'esperaven, i la sessió va ser recordada per tots els presents com a molt dura. Es rumorejava que Bassey i Barry mantenien en secret una relació amorosa i que això va fer que el compositor fos excessivament exigent amb la seva interpretació. En la recerca de l'excel·lència li va fer repetir les preses una vegada i una altra fins al punt de fer-li saltar les llàgrimes. Bassey va necessitar més de cinc hores per completar l'enregistrament de la veu del tema. Va quedar més curt del que s'esperaven, però incorporada en l'edició final als crèdits d'obertura de la pel·lícula va resultar increïblement efectiva. Les trompetes que el mateix Barry va gravar a l'inici per afegir-hi una dosi extra de dramatisme, i de pas guanyar alguns segons de durada, havien posat la cirereta a una cançó que per sempre més ha quedat associada al James Bond cinematogràfic. O sigui, a Sean Connery.

33

GRACELAND
Paul Simon

31 de maig de 1961. Es declara la independència de Sud-àfrica.

La història de «Graceland» és una història de ressorgiment i autoafirmació, tant pel que fa al músic que la protagonitza com per l'efemèride que l'acull. I és que la cançó que dona títol al setè àlbum d'estudi de Paul Simon és una icona de la recuperació del seu aval com a artista, així com de la reivindicació de la llibertat aconseguida pel país que el va inspirar: Sud-àfrica.

Des que el 1971 s'havia separat musicalment d'Art Garfunkel, la carrera en solitari de Simon havia passat per diferents alts i baixos. Però el fracàs del seu matrimoni amb l'actriu Carrie Fisher i el poc èxit que va tenir *Hearts and Bones*, el disc que va editar el 1983 influenciat pel moment difícil que li va suposar aquesta ruptura, van fer-lo adonar que li calia fer un canvi de rumb per retrobar el camí a seguir. I les coordenades d'aquesta nova direcció van apuntar cap al continent africà.

A través d'unes cintes de casset que li havia regalat una cantautora amiga seva anomenada Heidi Berg, Simon havia escoltat algunes cançons sud-africanes. Especialment, li va cridar l'atenció un tema instrumental titulat «Gumboots-Accordion Jive Hits Number 1» d'un grup anomenat The Boyoyo Boys. Aquells ritmes van despertar-li un gran interès i va decidir viatjar fins a aquell país per aprofundir en les arrels i l'estil d'aquella música. Un cop allà, es va trobar amb tot un univers de melodies i artistes amb qui va començar a treballar, mentre anava donant forma al que, un any i mig més tard, es convertiria en l'àlbum que marcaria l'inici de l'estil que es batejaria com a fusió.

El 1985, acompanyat per diferents músics locals, va començar a enregistrar alguns dels temes en un estudi de Johannesburg i, posteriorment, va gravar el que li faltava entre Londres, Los Angeles i Nova York. D'aquesta barreja de sons procedents de diferents parts del planeta, més unes lletres inspirades en un trajecte per carretera cap a la que havia estat la casa d'Elvis Presley, i que va ser la que va acabar de donar nom a l'àlbum, en va sortir «Graceland».

El disc va funcionar molt bé comercialment i va retornar l'èxit a Paul Simon. Però va suposar també una revolució cultural que va tenir una incidència política. Des de principis dels vuitanta, la jove República de Sud-àfrica havia estat subjecta a un boicot internacional contra el règim de l'apartheid. I el fet que Simon hi gravés part de *Graceland* en un dels moments més crus de la repressió contra la població negra del país, va fer que el Congrés Nacional Africà i l'ONU el declaressin persona *non grata*. Però la polèmica que va desencadenar aquesta situació va donar molta difusió a l'àlbum i, finalment, va fer girar totalment les posicions, convertint l'àlbum en un altaveu impagable per a una part important de la cultura negra, que estava sent esclafada, i en tot un símbol del moviment de protesta contra la política de segregació racial sud-africana.

En el tema que dona nom al disc, el músic de Nova Jersey condueix cap a Graceland, a Memphis, Tennessee. Però aquest viatge que descriu a ritme de sons de reminiscència sud-africana podria recórrer qualsevol lloc del món on qui l'escolta vulgui sentir-se en pau. I és que «Graceland» ha acabat esdevenint una peregrinació musical a la terra promesa.

34

HAPPY HOUR
The Housemartins

4 d'agost de 1821. Es publica el primer número de *The Saturday Evening Post.*

A mitjans dels anys vuitanta, un grup de quatre joves anglesos revolucionava les llistes britàniques amb el seu rock indie alegre basat en una rica varietat vocal: The Housemartins. Van agafar el nom artístic d'un petit ocell negre de la família de les orenetes que fa niu als ampits de les finestres dels edificis de Hull, la ciutat de Yorkshire on van formar el grup. Van tenir una carrera musical molt curta, però en els dos únics treballs d'estudi que van arribar a enregistrar, hi ha temes que formen part de la banda sonora de la vida dels que van viure aquella dècada. I de tots ells, «Happy Hour» és segurament el seu èxit més recordat.

Aquesta és una cançó escrita en clau d'humor a partir d'un dels tòpics clàssics de la diversió principal de tot obrer anglès: emborratxar-se al pub després de la feina. El van compondre a casa del cantant del grup, Paul Heaton, mentre ultimaven les cançons de *London 0 Hull 4*, el seu àlbum de debut. I per escriure'n la lletra es van basar en una llista que Heaton havia elaborat un parell d'anys abans sobre les coses que li molestaven de l'oficina on llavors treballava, una de les quals era el moment en què alguns companys baixaven al pub a l'hora de dinar i es dedicaven a fer comentaris despectius sobre les dones amb qui havien lligat.

En aquells anys la majoria de locals britànics havien incorporat una franja horària en què les begudes eren més econòmiques. Aquestes estones en què les consumicions baixaven de preu es van batejar com a *happy hour* (hora feliç), i Heaton va aprofitar aquest concepte per emmarcar la crítica que volia fer en aquella cançó. El músic considerava que aquella hora de copes barates no feia més que encoratjar l'estupidesa humana. Així que, recuperant algunes coses que havia anotat en aquella llista temps enrere, va escriure «Happy Hour», una cançó que parlava de sentir-se miserable en una hora feliç. Tot i així, la crítica social que portava implícit el tema va passar força desapercebuda en el seu moment i el públic va quedar-se més amb el ritme alegre de la música i el concepte del títol que no pas amb la lletra.

La cançó va triomfar rotundament i es va arribar a convertir en el reclam musical que molts pubs feien sonar per anunciar l'inici de la *happy hour*. Però quin és l'origen d'aquesta expressió que encara avui es fa servir en molts locals d'oci? Doncs, tot i que hi ha alguna referència prèvia a principis del segle XX a un *social happy hour* en ambients navals en referència a l'estona que en alguns vaixells militars es dedicava a moments d'entreteniments diversos, es considera que aquesta accepció del terme la va fixar el *Saturday Evening Post* el 1959.

Aquest històric setmanari americà que es va especialitzar en articles d'esdeveniments, cròniques, editorials humorístiques i il·lustracions va publicar aquell any un article que per primer cop citava la *happy hour* fora de l'entorn de la Marina. L'article es titulava «The Men Who Chase Missiles» (Els homes que perseguien míssils) i abordava els perills que havien de superar els habitants dels indrets remots que rastrejaven els llançaments de projectils del cap Canaveral. En el reportatge s'especificava que totes aquestes persones estaven en risc «excepte aquelles que gasten massa durant la *happy hour* al bar». Aquest va ser el primer cop que s'utilitzava l'expressió «happy hour» en un context civil. I el concepte es va popularitzar tan ràpidament que els locals on servien begudes no van perdre l'oportunitat de convertir-lo en un reclam comercial per incentivar el consum a certes hores del dia.

En un entrevista publicada a *The Guardian* el desembre de 2018, el cantant de The Housemartins recordava la cançó que a partir d'aquell 1986 va quedar associada per sempre més en l'imaginari col·lectiu al concepte *happy hour*. En aquest diari, Paul Heaton declarava mostrar-se constantment sorprès, i fins i tot humiliat, pel fet que trenta anys més tard la gent continués escoltant el tema. En l'actualitat, a punt d'entrar en la cinquantena, Heaton es dedica a escriure llibres infantils i col·labora en un projecte per acostar la lectura als nens de primària. En les trobades que té amb els alumnes diu que de vegades bromeja explicant-los que de jove va ser tota una estrella del pop. Els nens es pensen que se'ls rifa fins que la mestra es connecta a Youtube i els ensenya el videoclip de «Happy Hour».

35

HERE COMES THE SUN
The Beatles

4 d'agost de 1923. Neix l'astronauta Alan Shepard.

El 18 de novembre de 1923 naixia a Nou Hampshire Alan Shepard, l'home que es convertiria en el primer americà que va anar a l'espai. Shepard va ser un dels Mercury Seven, el grup d'astronautes escollits per formar part del primer programa espacial tripulat de la NASA i el primer d'ells que va fer un vol suborbital. No era el primer ésser humà que acomplia aquesta gesta, ja que, vint-i-tres dies abans, Iuri Gagarin ja havia orbitat la Terra. Els soviètics s'havien avançat als americans en el primer pas cap a la colonització de l'espai, i això va esperonar el president Kennedy, que després del viatge de Shepard aquell 5 de maig de 1961, va afanyar-se a anunciar que el proper objectiu nacional era el d'enviar un home a la Lluna aquella mateixa dècada. Durant aquells anys en què els Estats Units van posar tots els seus esforços a poder ser els primers a assolir aquesta fita, Shepard va haver de mantenir-se al marge de les missions espacials del programa Apollo a causa d'una dolència a l'oïda interna. Però el febrer de 1971, ja recuperat del tot, va tornar a deixar enrere l'atmosfera terrestre per convertir-se en el comandant de l'Apollo 14 i el cinquè home que trepitjava la superfície lunar.

El viatge d'aquesta vuitena missió del programa Apollo, els integrants de la qual eren el comandant Alan Shepard, el pilot del mòdul de comandament Stuart Roosa i el pilot del mòdul lunar Edgar Mitchell, va durar nou dies. Per amenitzar les llargues hores mortes d'aquesta travessa, els astronautes van preparar algunes cintes de casset amb una selecció musical variada. Aquesta era una pràctica habitual entre els membres de les tripulacions espacials, les quals, a banda de com a element d'entreteniment, feien servir les cintes d'àudio com a dispositiu alternatiu de gravació d'observacions personals. Per a la missió de l'Apollo 14, els astronautes van endur-se un total de quatre cassets, un dels quals ha arribat intacte als nostres dies i encara conserva escrit sobre l'etiqueta el nom dels autors de les cançons que s'hi van incloure. Una de les bandes que hi apareix en dues ocasions són els Beatles, que van formar part de la banda sonora d'aquell viatge amb una cançó que feia al·lusió a l'astre antagònic al satèl·lit cap a on es dirigia la nau: «Here Comes the Sun».

Publicada el setembre de 1969 dins de l'àlbum *Abbey Road*, «Here Comes the Sun» és juntament amb «Something» (un tema també inclòs en la selecció que Shepard, Roosa i Mitchell van voler que els acompanyés fins a la Lluna) una de les composicions més exitoses de George Harrison. En aquells dies la relació entre els membres del quartet de Liverpool ja donava senyals de feblesa i començava a anunciar el seu final. Les sessions creatives que solien compartir els músics en el passat havien donat pas a reunions de negoci i disputes legals. I un dia que havien quedat a la seu d'Apple per abordar temes d'aquest caire, Harrison va decidir no presentar-s'hi i viatjar, la tarda anterior, fins a la casa que Eric Clapton tenia al sud d'Anglaterra. Els dos amics van passar plegats la vetllada i l'endemà al matí van veure plegats la sortida del sol. Estaven asseguts sota un arbre del jardí i Harrison, és clar, tenia una guitarra a les mans. Així que, mentre observaven com s'aixecava el dia, el beatle va començar a tocar les notes que poc després es convertirien en el famós inici de «Here Comes the Sun». La cançó posava música a la descripció del començament serè d'aquell nou dia, però també manifestava el desig de Harrison d'encetar una nova etapa en la seva vida i en la seva carrera professional.

Quan aquella primavera de 1961, Alan Shepard es va convertir en el primer americà que viatjava a l'espai, els Beatles començaven la seva meteòrica carrera. I quan, una dècada més tard, l'astronauta va complir el seu somni de posar els peus a la Lluna, els Fab Four feia pocs mesos que ja havien anunciat la seva dissolució. Qui sap si quan «Here Comes the Sun» va sonar durant la travessia espacial de l'Apollo 14, la connexió entre el sol que va meravellar Harrison i la Lluna que va conquerir Shepard va quedar gravada en aquella cinta d'àudio.

36

HEROES
David Bowie

13 d'agost de 1961. Comença la construcció del mur de Berlín.

El matí del 13 d'agost de 1961 els berlinesos es van llevar en una ciutat dividida. Aquella nit, sense cap avís previ, es va aixecar un mur de 45 quilòmetres que separava la part oriental i l'occidental de la població, mentre que uns altres 115 quilòmetres n'envoltaven la part oest aïllant-la de la República Democràtica Alemanya (RDA). Durant gairebé tres dècades, aquesta estructura de formigó de 3,6 metres d'alçada es va convertir en la frontera estatal entre la RDA i l'enclavament de Berlín Oest i en un dels símbols de la Guerra Freda. El mur de Berlín va ser testimoni de moltes històries, algunes de les quals han quedat recollides en diferents expressions artístiques. El cas de «Heroes» de David Bowie n'és una. D'una banda, perquè el tema està inspirat en una escena ocorreguda en aquest enclavament. De l'altra, perquè amb el temps, la cançó ha esdevingut un dels himnes de la ciutat aquells anys.

Inicialment, «Heroes» havia de ser un tema instrumental de l'àlbum del mateix nom i que era la segona entrega del disc *Berlin Trilogy*, publicat el 1977 entre *Low* i *Lodger*. Però finalment, Bowie va trobar la inspiració per posar-hi una lletra que acabaria donant nom no només a la cançó, sinó a tot el disc en què es va incloure. Uns mesos abans, Kraftwerk, la banda alemanya de música electrònica formada per Ralf Hütter i Florian Schneider, havia fet menció a Bowie a «Trans Europa Express» i el músic londinenc va voler retornar-los el gest fent un homenatge a les seves influències de krautrock, que és com es coneixia el corrent musical de rock experimental sorgit als seixanta a la RFA. I és que titular *Heroes* l'àlbum va ser una picada d'ullet doble: d'una banda, a «Hero», un dels temes clau del grup alemany Neu!, i, de l'altra, a Kraftwerk amb «V-2 Schneider», la cançó que Bowie va triar per col·locar a la cara B del single amb què va llançar «Heroes».

L'octubre d'aquell any, el músic s'havia traslladat a la capital de la República Federal Alemanya, des d'on pensava enregistrar el seu nou treball discogràfic. L'estudi de gravació estava a 500 metres del mur i des de les finestres de la sala de control del Hansa Tonstudio veien perfectament un bon tros d'aquella paret. Després d'uns quants dies, Bowie va fixar-se en un parell de joves amants que solien trobar-se a tocar del mur i aquella escena el va fer reflexionar en tot el que implicava que aquella parella, de tots els llocs que hi havia a Berlín, triés un indret com aquell per quedar. Va pensar que potser se sentien una mica culpables per escollir el mur i que així s'havien imposat aquesta restricció sobre si mateixos, com si fos una excusa per al seu acte heroic. I a partir d'aquest concepte va escriure els versos de «Heroes».

Aquesta és la versió que va donar David Bowie durant molt de temps quan algú li preguntava sobre el significat de la cançó. Però anys més tard, Tony Visconti, que havia estat un dels coproductors del disc, va revelar que la parella que estava descrivint el cantant a la lletra de «Heroes» no era una altra que ell mateix i la seva amant, la cantant Antonia Maaß. En aquella època, Visconti estava casat, així que Bowie va preferir alterar una mica l'explicació de l'origen de la història amagant la identitat dels protagonistes reals per tal de no comprometre el seu amic.

37

HIGHWAY TO HELL
AC/DC

3 d'octubre de 1989. A Panamà es produeix el cop militar fallit contra la dictadura del general Noriega.

El 3 d'octubre de 1989 es va produir un intent de cop militar per derrocar el general Noriega del Govern de Panamà. El frustrat cop d'estat liderat per Moisés Giroldi, però, no va reeixir, i el dictador va mantenir-se al poder fins que el desembre de 1989 en va ser apartat pels Estats Units durant la invasió d'aquest país de l'Amèrica Central.

Noriega feia temps que col·laborava amb la CIA i durant la dècada dels cinquanta es va convertir en una de les fonts d'intel·ligència més valuoses del Govern americà, així com en una de les principals vies de tràfic d'armes, equipament militar i fons destinats a forces de contrainsurgència llatinoamericanes finançades pels Estats Units. Aquesta col·laboració va trencar-se el desembre de 1989 quan el president George H. W. Bush va ordenar la invasió de Panamà, en una acció en què van participar més de 24.000 soldats. L'operació, que va provocar milers de morts de civils i militars, va causar el desmantellament de les forces militars panamenyes, el caos econòmic i social al país i, finalment, la detenció de Noriega.

Durant la invasió, Noriega va fugir de forma desesperada per mirar d'escapar dels americans. Va provar diferents opcions i finalment va refugiar-se a la Nunciatura Apostòlica de la Ciutat de Panamà. Davant la impossibilitat de poder franquejar els murs d'aquesta seu vaticana, les forces americanes van optar per envoltar l'edifici i forçar la rendició del dictador fent servir una arma secreta: rock dur a tot drap. Els soldats americans van instal·lar uns potents altaveus als vehicles militars des dels quals van fer sonar sense parar durant tres dies seguits «Highway to Hell» d'AC/DC. Noriega era un gran amant de l'òpera, i per a ell haver de suportar aquella música dels germans Young i Bon Scott, gairebé sense interrupció i a un volum eixordador, va ser una autèntica tortura. Tant que, finalment, va acabar rendint-se i lliurant-se a les forces americanes.

«Highway to Hell» era la cançó que havia donat nom al sisè àlbum d'estudi de la banda australiana formada a principis dels setanta. El van publicar l'estiu de 1979, i va ser el darrer que va gravar Bon Scott, que va morir per una intoxicació etílica sis mesos després del llançament del disc. Quan deu anys més tard es va convertir en la cançó que va aconseguir acabar amb la paciència de Noriega, acorralat dins l'ambaixada vaticana a Panamà, el nou vocalista de la banda, Brian Johnson, va declarar: «crec que després d'això, el Papa mai ens trucarà perquè hi anem a tocar».

38

HOTEL CALIFORNIA

The Eagles

30 d'octubre de 1969. Anton Szandor LaVey publica *La Bíblia Satànica.*

Els intents d'introduir pactes amb el diable en la biografia de músics o d'associar la presència de Satan en les seves creacions ha estat una constant en la història. Solen ser teories basades en especulacions no contrastades, però que s'estenen de forma exponencial fins a formar part de l'imaginari col·lectiu. I és que les ganes de veure connexions entre el món de la música i les forces del mal ha estat sempre molt llaminera, ja sigui per la prodigiositat del talent d'un autor, per l'èxit extraordinari d'una peça o pel significat misteriós dels seus versos. És precisament en aquest darrer context que s'escriu una de les llegendes que ha acompanyat, al llarg de més de quatre dècades, el tema més famós de The Eagles.

Presentada com a single de l'àlbum del mateix nom el febrer de 1977, «Hotel California» és una composició de Don Felder amb lletra de Don Henley i Glenn Frey. L'ambigüitat del relat que recull la seva lletra ha originat diversitat d'interpretacions. De totes, la que es desplega per connectar-la amb l'entorn satànic, n'és una de les més curioses. L'eix vertebrador d'aquesta vinculació recau en la figura d'Anton Szandor LaVey, creador de l'Església de Satan. Aquesta organització va ser la primera de la història obertament dedicada a venerar el que els seus adeptes consideren la veritable naturalesa de l'home: una bèstia carnal, que viu en un cosmos que es regeix per les forces fosques. Nascut el 1930 en una família d'ascendència jueva d'origen ucraïnès, LaVey va fundar aquesta doctrina el 1966 i, tres anys més tard, va escriure *La Bíblia Satànica*, l'obra que recull els fonaments ideològics, assajos i rituals en els quals es basa tot el moviment existencialista que l'envolta.

Les connexions entre «Hotel California» i LaVey comencen amb el títol, ja que s'ha especulat que aquest estaria inspirat en l'adreça on va fundar l'Església de Satan: l'avinguda California de San Francisco. També en la part gràfica del disc s'hi han volgut trobar un parell d'elements que sustentessin aquesta teoria. El primer, el trobem en l'edifici que es va triar per a la portada, l'hotel Beverly Hills de Sunset Boulevard, i que era un punt de reunió habitual dels fidels d'aquesta doctrina. El segon és en la fotografia interior de l'àlbum, feta en un altre hotel, el Lido de Hollywood, i en què es veu una munió de gent entre la qual hi ha un home calb amb masclet que alguns han identificat com Anton LaVey.

Però és en la lletra del tema en què trobem les referències més citades a l'hora de defensar aquesta teoria sobre les connotacions satàniques que amaga «Hotel California». El protagonista de la cançó arriba a un establiment tan misteriós que tant podria ser el cel com l'infern. La dona que el rep s'interpretaria com la sacerdotessa que l'iniciaria en els preceptes de l'Església de Satan. I les veus que sent des del fons del passadís donant-li la benvinguda serien la resta de fidels acollint-lo a la seva congregació. Quan aquestes mateixes veus el desperten a mitjanit, s'acosta al bar, demana vi (que podria interpretar-se com la sang de Crist), i el cambrer li respon que no tenen alcohol des de 1969, la data en què LaVey va publicar *La Bíblia Satànica*.

Finalment, i per acabar de tancar aquest llistat d'indicis que convertirien «Hotel California» en un altaveu dels preceptes de l'Església de Satan, es va estendre la idea que en la segona estrofa de la cançó s'hi amagava una referència directa al diable. Aquest missatge ocult, que només podria escoltar-se reproduint el vinil al revés, es troba en el vers «This could be heaven or this could be hell» (Això podria ser el cel o l'infern) i que invertida sonaria com «Yeah, Satan. How he organized his own religion» (Sí, Satanàs. Com va organitzar la seva pròpia religió). Tinguin o no fonament, totes aquestes especulacions ja formen part de la història de l'enigmàtic hotel d'aquesta cançó i en el qual, com es recull en el darrer vers, és difícil no quedar-hi atrapat: «You can check out any time you like but you can never leave» (Pots fer el *check out* quan vulguis, però mai en podràs marxar).

39

HURRICANE
Bob Dylan

6 de maig de 1937. Neix el boxejador Rubin Carter.

El juny de 1966 el boxejador Rubin Carter i el seu amic John Artis van ser detinguts com a sospitosos d'un triple assassinat ocorregut al bar Lafayette de Nova Jersey. Pocs mesos més tard, un judici ple d'irregularitats i prejudicis racials, amb un jurat format exclusivament per blancs, va condemnar-lo a tres cadenes perpètues.

La joventut de Carter havia estat marcada per un historial d'entrades a reformatoris i presons per assalts i petits robatoris. I en aquest context, la seva entrada al món professional de la boxa semblava que podia ser l'element que l'ajudés a reconduir aquesta trajectòria. Des de 1961 i fins a l'acusació per assassinat, va lluitar als rings com a pes mitjà competint pel títol mundial, una fita que no va arribar mai a aconseguir. L'agressivitat amb què guanyava els combats per KO li van valer el sobrenom de *Hurricane* (huracà).

El cas de la condemna de Rubin Carter es va gestionar de forma discreta. I la seva història no va tenir gaire ressò fins al 1974, quan el boxejador va aconseguir publicar la seva autobiografia, que va escriure entre reixes. La difusió de *The Sixteenth Round* (El setzè assalt) va atreure l'atenció de Bob Dylan, que en aquell moment tornava a estar de gira amb The Band, després de vuit anys sense trepitjar els escenaris. El cantautor va interessar-se pel cas de Carter i va desplaçar-se fins a la presó per reunir-se amb ell i conèixer de primera mà la seva versió. Convençut de la seva innocència i de la gran injustícia que s'havia comès amb ell, va organitzar diversos concerts benèfics per exposar la seva situació i ajudar a difondre-la. Però l'element que definitivament va donar màxima repercussió als fets va ser l'edició de «Hurricane», la cançó que Dylan va escriure l'estiu de 1975 i en què relatava la història de Rubin Carter.

La publicació del tema a *Desire* el gener de 1976 va donar al cas tota l'atenció mediàtica que li havia estat negada. La popularitat de «Hurricane» va originar tot un moviment ciutadà per donar suport a Carter i que va comptar amb el suport del campió del món de boxa Muhammad Ali. Fruit d'aquesta pressió social es va aconseguir que s'iniciés un segon procés judicial. I, quan després de diferents apel·lacions i tribunals, finalment es va demostrar la innocència de Carter, el 1985 se li va donar la llibertat de què va estar privat durant dinou anys per un delicte que, com diu la cançó, ell mai va cometre.

40

I DON'T LIKE MONDAYS
The Boomtown Rats

29 de gener de 1979. Es produeix un tiroteig mortal a l'escola Grover Cleveland de San Diego.

Com tants adolescents de 16 anys, Brenda-Ann Spencer es desperta un dilluns sense ganes d'assistir a classe. Des de la finestra de casa seva es veu l'edifici de l'escola i a mesura que s'acosta l'hora d'entrada veu com els alumnes van arribant. Va passant l'estona i cada cop li fa més mandra anar-hi, així que decideix canviar el rumb del dia. Com? Doncs estrenant el rifle semiautomàtic del 22 que el seu pare li havia regalat per Nadal. La noia va començar a disparar a tort i a dret durant sis hores i va causar un total de dos morts i nou ferits. I quan un cop detinguda, la policia li va preguntar per què ho havia fet, va arronsar les espatlles i simplement va respondre: «No m'agraden els dilluns».

Les sorprenents declaracions de la jove homicida van captar l'atenció de Bob Geldof, que llavors es trobava als Estats Units. El líder dels Boomtown Rats era als estudis d'una ràdio d'Atlanta, on li estaven fent una entrevista quan, de sobte, es va fixar en un teletip que entrava amb aquesta informació pel fax que hi havia just darrere seu. La notícia el va deixar impactat. Que no t'agradin els dilluns semblava una raó ben estranya per dur a terme una matança com aquella... I atrapat en aquest pensament, ja camí de tornada a l'hotel, li va sobrevenir la frase amb què encapçalaria el tema que ja estava començant a compondre sobre aquella desgraciada història: «The silicon chip inside her head gets switched to overload» (El xip de silici que hi ha dins del seu cap ja està sobrecarregat).

Al cap d'uns mesos, Geldof i els Boomtown Rats van gravar la cançó i la van incloure a l'àlbum *The Fine Art of Surfacing* que es va publicar el juliol d'aquell mateix any. Aquell estiu, durant un total de quatre setmanes, va aconseguir mantenir-se com a número u de la llista d'èxits del Regne Unit.

41

I DON'T WANNA MISS A THING

Aerosmith

1 de juliol de 1979. Barbra Streisand es casa amb James Brolin.

La tardor de 1998 Aerosmith aconseguia situar-se durant quatre setmanes seguides en el primer lloc del Billboard Hot 100 amb «I Don't Wanna Miss a Thing», la cançó principal del que també va ser un èxit als cinemes: *Armageddon*. La pel·lícula narra la història d'un grup de perforadors petroliers liderats pel personatge que interpreta Bruce Willis a qui la NASA encomana la titànica missió de foradar un enorme asteroide que amenaça la Terra, amb l'objectiu de poder destruir-lo abans que impacti sobre la superfície del planeta. I en paral·lel a aquesta aventura de ciència-ficció, una història d'amor: la de la filla del líder de l'expedició (interpretada per Liv Tyler) amb un dels seus integrants (Ben Afleck). Un element al qual el director, Michael Bay, va voler afegir-hi una picada d'ullet fent que la cançó principal del film la cantés Steve Tyler (pare de l'actriu), fonent així la pel·lícula i la música en un encreuament emocional molt efectiu que traspassava la pantalla.

Però lluny d'estar inspirada en la tendra relació paternofilial en què s'emmarca l'esperit de la cançó al film, aquesta és una peça amb una història ben diferent. De fet, a diferència de la majoria dels temes d'Aerosmith, no la va escriure Steve Tyler sinó Diane Warren, una compositora californiana que des dels anys vuitanta ha escrit peces per a diferents artistes i pel·lícules. Creacions musicals seves han estat nominades als Oscar en onze ocasions (tot i que sense guanyar-ne cap) i és l'única compositora de la història que ha aconseguit fer entrar a les llistes de Billboard fins a set cançons, totes interpretades per músics diferents.

I en què es va inspirar Warren per escriure «I Don't Wanna Miss a Thing»? Doncs en una conversa íntima entre Barbra Streisand i el seu marit, James Brolin, i que els dos actors van airejar en la primera entrevista conjunta que van concedir. Era la tardor de 1997, la parella acabava de prometre's després d'un any de relació apassionada i no van tenir cap problema a explicar a la periodista televisiva Barbara Walters algunes de les seves interioritats. Entre elles, Streisand va explicar que una nit, arraulits al llit, el seu futur marit li havia dit a cau d'orella: «No vull adormir-me, perquè si ho fes, et trobaria a faltar». Warren, que aquell dia estava veient el programa, es va quedar amb aquesta confessió i uns mesos després va decidir fer-la servir per a la lletra del nou tema que estava preparant, en el qual la va acabar fixant com a «I don't want to close my eyes. I don't want to fall asleep cause I miss you, babe, and I don't want to miss a thing» (No vull tancar els ulls. No em vull quedar adormit perquè et trobo a faltar, i no em vull perdre res).

Warren va escriure la cançó pensant en que la interpretés Céline Dion, per a qui dos anys abans ja havia compost «Because You Loved Me» per a la pel·lícula *Íntim i personal.* Però la cantant quebequesa encara estava immersa en l'èxit de «My Heart Will Go On» de *Titanic* i no estava pensant encara a treure un nou single. Just llavors els executius d'*Armageddon* li van fer una altra proposta. Estaven buscant un grup famós per al tema central de la banda sonora de la pel·lícula i no s'acabaven de decidir. Inicialment, volien encarregar-lo a U2, però quan Liv Tyler va entrar al càsting van pensar que una bona jugada seria proposar-li al grup del seu pare. Aerosmith, però, en aquell moment estava de gira promocionant el seu disc *Nine Lives* i no tenia temps d'escriure la cançó. Així que van oferir-los només la interpretació del tema i confiar-ne la composició a un valor segur com el de Diane Warren. La jugada final, amb aquesta recepta cuinada amb tot aquest reguitzell d'estrelles cinematogràfiques i musicals, va resultar comercialment infal·lible.

42

I JUST CALLED TO SAY I LOVE YOU
Stevie Wonder

12 de juny de 1964. Nelson Mandela és condemnat a cadena perpètua.

Després d'un any llarg de judici, el 12 de juny de 1964 Nelson Mandela i nou líders més del Congrés Nacional Africà (ANC en les seves sigles en anglès) van ser declarats culpables de més de dos-cents actes de sabotatge dirigits a enderrocar l'apartheid. Alguns eren jueus blancs, d'altres indis i la majoria, com Mandela, negres de l'ètnia xhosa. Però tots tenien un objectiu comú: abolir el sistema de segregació racial establert a Sud-àfrica des de finals dels anys quaranta. Les sessions d'aquest procés van ser retransmeses per la ràdio, per la qual cosa, tot i que se li va voler donar una pàtina de legalitat, va evidenciar que l'estat afrikàner tenia decidides les sentències des del començament. La pressió internacional va aconseguir almenys que en comptes de penes de mort el fiscal demanés la perpètua per a gairebé tots els acusats. I aquest va ser el veredicte que es va imposar i que va deixar Nelson Mandela empresonat durant vint-i-set anys.

Durant més de dues dècades, el cas de Mandela va ser objecte de diverses campanyes internacionals que demanaven el seu alliberament. La majoria d'aquestes iniciatives van vehicular-se a través de la música, amb cançons que es van dedicar a la seva persona i concerts organitzats per reclamar la seva llibertat. Però també hi va haver accions individuals de diverses personalitats que van aprofitar la seva visibilitat pública per denunciar el seu empresonament. Aquest va ser el cas de Stevie Wonder, que el març de 1985, quan va guanyar l'Oscar a la millor cançó per «I Just Called to Say I Love You» de la pel·lícula *Woman in Red*. El músic va declarar que recollia el guardó «en nom de Nelson Mandela», un gest que immediatament va provocar que el Govern sud-africà prohibís que la seva música sonés a les ràdios del país.

Stevie Wonder ha explicat que aquest és un tema que va compondre sense cap mena d'intenció que es convertís en l'èxit que va acabar sent. El músic, un dels més reconeguts del segell de la Motown amb més de 100 milions de discs venuts, s'ha significat políticament al llarg de la seva carrera com a defensor dels drets humans i en nombroses ocasions no ha desaprofitat fer servir les seves creacions musicals com a vehicle per fer arribar el seu missatge amb lletres compromeses i de fort sentiment polític. No és el cas, però, d'«I Just Called to Say I Love You», un tema de contingut intranscendent que reprodueix una declaració d'amor telefònica. Wonder ha explicat que tenia la melodia d'alguns exercicis previs i que en va escriure els versos inspirant-se en l'encàrrec que Gene Wilder li va fer per a la pel·lícula. A banda de la composició, Stevie Wonder es va encarregar absolutament de tota la interpretació d'«I Just Called to Say I Love You» tocant personalment tots els instruments i els sintetitzadors que hi sonen. Inicialment la crítica va carregar-se-la, però comercialment la cançó va arrasar.

El febrer de 1990, cinc anys després d'aquella intervenció de Stevie Wonder al Dorothy Chandler Pavilion de Los Angeles, Nelson Mandela era alliberat. Tenia 71 anys i encetava una nova fase en la seva lluita per les llibertats que culminaria amb la seva elecció com a president del país en les primeres eleccions generals multiracials celebrades a Sud-àfrica el 1994. L'admiració de Stevie Wonder per *Madiba* i tot el que va representar va mantenir-se ferma al llarg del temps, i el juliol de 2016, tres anys després de la mort de Mandela, en l'acte tribut organitzat per les Nacions Unides per homenatjar la seva figura, el músic va honorar-lo referint-s'hi com «un dels éssers humans més increïbles, generosos i bondadosos que ha trepitjat el planeta Terra». Tota una declaració d'amor menys ensucrada que la que va fer per a «I Just Called to Say I Love You» i amb un missatge molt més profund.

43

I WILL ALWAYS LOVE YOU
Whitney Houston

28 d'abril de 1937. Neix Saddam Hussein.

La tardor de 2002, mentre els Estats Units planificaven la invasió de l'Iraq com a resposta als atemptats de l'11S, Saddam Hussein es preparava per a la seva reelecció. Havia arribat a la presidència del Govern iraquià el 1979 i, exercint un mandat dictatorial, va ocupar aquesta posició durant més de dues dècades. El procés electoral que va organitzar l'octubre de 2002 per tal de referendar el seu càrrec com a màxim dirigent del país va estar marcat per una manca total de transparència i credibilitat. I en aquest context, Hussein va aconseguir la victòria per un 100% dels vots. I és que segons les xifres oficials, onze milions i mig de ciutadans van votar a favor que continués com a president per un nou període de set anys.

La cançó escollida per Hussein com a tema d'aquesta «efectiva» campanya va ser «I Will Always Love You», de Whitney Houston. Convertida en el tema musical central dels anuncis electorals, sonava tot el dia per la ràdio i la televisió estatals. I quan el segell discogràfic de la cantant americana se'n va assabentar, va presentar una queixa davant la missió iraquiana de les Nacions Unides.

És impossible escoltar «I Will Always Love You» i no traslladar-nos a la història que Whitney Houston i Kevin Costner van protagonitzar el 1992 a *El guardaespatlles*. Amb aquesta pel·lícula, la cantant debutava al cinema i ho feia estrenant-se com a actriu i com a intèrpret de sis de les peces musicals de la seva banda sonora. Dues d'elles («Run to You» i «I Have Nothing») van estar nominades com a millor cançó als Oscars d'aquell any, però el tema que realment va ser el gran èxit d'aquesta cinta va ser «I Will Always Love You». Va mantenir-se durant catorze setmanes en la primera posició de la llista Billboard i els més de 19 milions de còpies que se'n van distribuir l'acrediten com un dels singles més venuts de tots els temps i el més venut per una dona en tota la història. I quan el febrer de 2012 la cantant va ser trobada morta ofegada a la banyera de l'habitació que ocupava en un l'hotel de Los Angeles, el tema va tornar a entrar a les llistes, i es va arribar a col·locar novament entre els tres primers llocs.

Whitney Houston va fer famosa la cançó. Però no era seva, sinó de Dolly Parton, que també la va interpretar en una pel·lícula com a part de la banda sonora. La va escriure el 1973 i la va incloure a l'àlbum *Jolene*, que va publicar l'any següent. Ja llavors va ser tot un èxit que va encapçalar els rànquings musicals de diversos països. Però deu anys més tard va repetir l'èxit amb la nova versió que va enregistrar-ne per a *The Best Little Whorehouse in Texas*, un llargmetratge inspirat en el musical homònim de Broadway i en el qual Parton va compartir cartell amb Burt Reynolds. Amb aquesta reinterpretació del seu «I Will Always Love You», la cantant de Tennessee va tornar a triomfar entre la crítica i el públic, i es va situar de nou com a número u de les llistes de country.

Quan Whitney Houston va decidir incloure la cançó al repertori que preparava per a *El guardaespatlles*, va haver d'afrontar el repte de convertir-la en un tema que abraçava el soul i el pop que es barrejaven en el seu característic estil. I és evident que se'n va sortir i amb escreix. Al ser preguntada per la versió de Houston en una entrevista, Dolly Parton va comentar que estava impressionada per la forma com havia interpretat la seva cançó. I va confessar que poc li importa que hi hagi gent que es pensi que el tema és de Whitney Houston, ja que qui s'embutxaca els guanys pels drets d'autor cada cop que sona «I Will Always Love You» és ella.

44

I WILL SURVIVE
Gloria Gaynor

19 d'octubre. Dia Mundial contra el Càncer de Mama.

El càncer de mama és el tumor maligne més freqüent entre les dones. Cada any se'n diagnostiquen més de dos milions a tot el món i s'estima que aproximadament una de cada vuit dones corre el risc de patir-ne un al llarg de la seva vida. La seva elevada prevalença ha fet que en les darreres dècades s'hagi fet un gran esforç per incidir en les polítiques de control, detecció i tractament d'aquest tipus de càncer. S'han activat diverses campanyes per tal de sensibilitzar la societat entorn d'aquesta malaltia. I això ha generat també una gran mobilització per part dels col·lectius femenins, que s'han organitzat per tal de fer sentir la seva veu i reclamar solidaritat. Una d'aquestes veus s'articula al ritme d'un tema musical que s'ha convertit en tot un himne de la lluita contra el càncer de mama: «I Will Survive».

Quan Gloria Gaynor va gravar la cançó l'octubre de 1978 poc s'imaginava la transcendència que tindria en la seva carrera ni la dimensió que acabaria agafant el seu missatge.

Feia quinze anys que aquesta cantant de Nova Jersey, que havia crescut escoltant jazz a la ràdio, intentava fer-se un lloc en el complicat món de la música professional. El 1975 ho havia aconseguit versionant «Never Can Say Goodbye», un tema de The Jackson 5 interpretat per un joveníssim Michael Jackson uns anys abans. Però després d'aquest èxit, cap dels seus treballs posteriors va aconseguir la mateixa repercussió i la seva companyia discogràfica, insatisfeta amb les vendes, va començar a plantejar-se rescindir-li el contracte. Gloria Gaynor estava a punt de fer 35 anys i la perspectiva de tornar als petits escenaris dels clubs de jazz l'aterria una mica. Però quan estava a punt d'acceptar aquest canvi de destí, li va caure a les mans la partitura de «I Will Survive», la cançó que li salvaria la vida, almenys en el terreny professional.

Quan Gaynor va llegir la peça escrita pels compositors Dino Fekaris i Freddie Perren va tenir clar que aquell tema seria tot un èxit, així que va demanar a la discogràfica una darrera oportunitat. A l'inici, la idea dels productors era editar-la com a cara B, però convençuda del potencial de la cançó, Gaynor va batallar fins a aconseguir finalment que acceptessin convertir-la en un single. Una decisió que es va demostrar més que encertada, ja que ràpidament va arribar a la primera posició del Billboard i va arrasar a les pistes de ball de l'època, en ple apogeu de la música disco, un fenomen musical sorgit de la necessitat d'evasió dels problemes econòmics derivats de la crisi de 1973. Era un moment de recessió i la gent necessitava alliberar-se dels problemes i l'estrès, un context que va afavorir que prosperessin les discoteques, com a llocs on, per pocs diners, es podia passar una bona estona ballant música enregistrada.

Però «I Will Survive» anava una mica més enllà. I lluny d'apostar per fer oblidar els contratemps de la realitat, incitava a afrontar-los amb el convenciment d'un esperit guanyador. Gaynor va veure des del primer moment l'essència encoratjadora d'aquella cançó i quatre dècades més tard continua animant la gent a creure en si mateixa i a trobar la força per resoldre els seus problemes. Tot i que l'esperit de superació que aborda el tema està contextualitzat en el marc del trencament d'una relació sentimental, el que s'expressava en la seva lletra feia que qualsevol persona que estigués passant per un moment difícil s'hi pogués identificar. Aquesta celebració de la tenacitat de l'esperit humà cantada des de l'òptica femenina expressa perfectament els sentiments de moltes dones en la lluita contra el càncer de mama. I per això no és gens estrany que «I Will Survive» s'hagi convertit en un dels seus himnes.

45

IN THE AIR TONIGHT

Phil Collins

26 de novembre de 2003. El Concorde fa el seu darrer vol.

El 26 de novembre de 2003 el Concorde feia el seu darrer vol comercial. Des del seu primer enlairament el 1969 a l'aeroport de Tolosa, aquest model d'avió supersònic va convertir-se en una icona del futur per als enginyers aeronàutics del segle xx. I quan el 1973 va començar els trajectes regulars que unien Nova York amb Londres i París en menys de tres hores i amb unes comoditats extraordinàries, va establir un nou estàndard en els viatges transatlàntics que va fascinar famosos, polítics i milionaris. Amb el temps però, l'accident patit per una de les naus operades per Air France el juliol de 2000 i la seva baixa rendibilitat van acabar precipitant la seva retirada del mercat.

Al llarg dels trenta anys que va operar comercialment, el Concorde va traslladar personalitats de tots els àmbits d'un continent a l'altre. Margaret Thatcher, la reina d'Anglaterra, Mick Jagger, Luciano Pavarotti, Robert Redford o el papa Joan Pau II van ser alguns dels passatgers que hi van viatjar, aconseguint així fer possibles fites impensables uns anys abans. Una de les que ha passat a la història és la protagonitzada per Phil Collins, que, gràcies al Concorde, va convertir-se en l'únic artista que va poder actuar als dos concerts simultanis de *Live Aid* que es van organitzar a Londres i Filadèlfia l'estiu de 1985.

Es calcula que aquell 13 de juliol, més de 1.500 milions de persones de tot el món van seguir per televisió l'espectacle musical organitzat per Bob Geldof per recaptar fons per pal·liar la fam a l'Àfrica Oriental, on la població moria massivament des de feia mesos. La iniciativa formava part d'un projecte engegat pel músic irlandès i que englobava diferents activitats per ajudar els més afectats per aquesta terrible situació. La involucració que va aconseguir per part d'artistes de primer nivell als dos costats de l'Atlàntic va donar-li una repercussió extraordinària a l'esdeveniment, que va ser retransmès a més de setanta països.

Status Quo, U2, Madonna, Sting, Bryan Adams, Elton John, The Beach Boys, Led Zeppelin, Queen, Paul McCartney, Spandau Ballet, Sting, Bob Dylan, Eric Clapton, Tina Turner i fins a un total de 75 artistes van passar pels escenaris de Wembley i del John F. Kennedy Stadium al llarg de les 16 hores que va durar aquest doble concert. Amb l'objectiu d'unir d'alguna manera els dos estadis, els productors de *Live Aid* tenien la intenció de fer que David Bowie i Mick Jagger interpretessin una cançó plegats via satèl·lit, un des del Regne Unit i l'altre des dels Estats Units. Però la tecnologia de l'època feia impossible una transmissió sense latència, així que van haver de descartar-ho i els dos cantants van acabar enregistrant plegats el *hit* de Marvin Gaye popularitzat per Martha & The Vandellas, «Dancing in the Streets», en un videoclip que es va projectar a tots dos estadis.

La idea de connectar Londres i Filadèlfia continuava viva i finalment la manera que van trobar per dur-la a terme va ser proposar a un dels músics participants que actués a tots dos escenaris, viatjant amb el Concorde per salvar la distància de gairebé 6.000 quilòmetres que els separaven. I Phil Collins, que en aquella època ja feia quatre anys que havia fet el seu debut en solitari en paral·lel a la trajectòria amb Genesis, va acceptar el repte. El músic va actuar a Wembley a primera hora de la tarda, on va tocar amb Sting i el saxofonista de Brandford Marsalis diversos temes. Quan va acabar, un helicòpter l'esperava per dur-lo fins a Heathrow, on va agafar el Concorde de British Airways que feia el vol regular entre la capital britànica i Nova York. Collins va ser el darrer passatger a embarcar i ho va fer acompanyat per la seva dona i un grup de periodistes que volien cobrir aquella gesta històrica. Tres hores més tard, l'avió aterrava a l'aeroport JFK des d'on, novament en helicòpter, el músic va ser traslladat fins a Filadèlfia, i va arribar a temps per a la seva actuació a dos quarts de vuit del vespre.

L'intèrpret anglès es va asseure al piano i, després de recordar que aquell mateix migdia havia tocat a Anglaterra, va presentar una de les seves cançons més populars: «In the Air Tonight». Aquest era el tema amb què Phil Collins s'havia estrenat com a solista el 1981. L'havia escrit un parell d'anys abans mentre passava un moment personal complicat a causa del procés de divorci de la seva primera dona. I la barreja de pop rock marcat per la potència inconfusible de la seva bateria en mig del tema va tenir un resultat molt efectiu a ambdós costats de l'Atlàntic. A la popularitat de la peça, hi va contribuir també el fet que el 1984 s'inclogués una gravació gairebé completa d'«In the Air Tonight» en l'episodi pilot de la sèrie *Miami Vice*, de manera que així es va convertir en una de les primeres cançons que s'oferien com a part d'una producció televisiva en aquest format.

46

IT'S MY LIFE
Bon Jovi

24 de febrer de 2002. Es clausuren els Jocs Olímpics d'Hivern de Salt Lake City.

Els Jocs Olímpics d'Hivern de Salt Lake City sempre seran recordats com l'edició en què es va produir l'escàndol més gran de la història olímpica. El cas es va destapar el 1998, tres anys després que el Comitè Olímpic Internacional (COI) escollís la capital de Utah com a seu per al 2002. Les investigacions van demostrar que almenys sis membres del comitè havien rebut favors en forma de diners, llocs de feina, beques per als seus fills i altres tipus de gratificacions per part de diferents responsables de la candidatura amb l'objectiu d'incidir favorablement en l'elecció d'aquesta ciutat. Aquesta trama de corrupció, la més greu des de la fundació del COI, va comportar l'expulsió de sis dels seus directius, així com una reforma de les estructures d'aquest organisme.

També en l'àmbit esportiu aquests van ser uns jocs esquitxats per la polèmica. La parella canadenca de patinatge artístic formada per Jamie Salé i David Pelletier, tot i fer una actuació impecable, va rebre una puntuació que només els va adjudicar la medalla de plata. I no va ser fins que es va descobrir que hi havia hagut conflictes amb una jutgessa francesa, que se'ls va concedir l'or, un guardó que van haver de compartir amb el duo rus. En la competició d'esquí de fons i de patinatge de velocitat sobre pista curta es van desqualificar diversos atletes per problemes de dopatge. I durant les proves d'aquesta darrera disciplina, els quatre primers corredors van xocar a l'arribar a la meta, cosa que va provocar que inesperadament guanyés l'australià, que ocupava la cinquena posició.

Acabats els disset dies de competicions, aquests accidentats XIX Jocs d'Hivern es van tancar amb una gran cerimònia de clausura en què van participar més de 2.500 atletes. Aquest esdeveniment de tancament va comptar també amb l'actuació d'estrelles musicals rellevants. La de Bon Jovi, amb la seva interpretació en directe d'«It's My Life», en va ser una de les més destacades. Editada el maig de l'any 2000 com a primer single de l'àlbum *Crush*, «It's My Life» era el primer llançament que feia la banda de Nova Jersey des de 1995. El tema va ser un èxit absolut i ben aviat es va convertir en el més famós del grup. Va arribar a ser número u en un gran nombre de països i va acabar esdevenint tot un símbol de la longevitat de Bon Jovi que, tot i ser una banda veterana, va demostrar la seva capacitat d'arribar al nou públic.

En aquest exercici de connexió intergeneracional, Jon Bon Jovi, Richie Sambora i Max Martin van introduir a la lletra referències a cançons d'altres dècades. Una d'elles és la frase «It's for Tommy and Gina who never backed down» (és pel Tommy i la Gina, que mai van es van fer enrere) i que remet als dos protagonistes de «Livin' on a Prayer», el gran *hit* de la banda als anys vuitanta. L'altra retrocedeix gairebé vint anys més per referir-se a «My Way», el tema icònic cantat per Frank Sinatra i que es troba al vers «Like Frankie said I did it my way» (com va dir en Frankie ho vaig fer a la meva manera). En conjunt, la lletra relata la història d'un home gran que revisa la seva vida. En general, en fa una valoració positiva, tot i que admet que també hi ha hagut moments difícils i reconeix que es penedeix de certes coses. En el context de tots els incidents polítics i esportius dels jocs de Salt Lake City, podria ser que la tria d'una cançó amb aquest missatge per clausurar l'edició no hagués estat del tot casual.

47

JE T'AIME... MOI NON PLUS
Serge Gainsbourg & Jane Birkin

23 de gener de 1989. Salvador Dalí mor a causa d'una aturada cardiorespiratòria.

«Picasso és espanyol, jo també. Picasso és un geni, jo també. Picasso és comunista, jo tampoc.» Amb aquesta frase pronunciada al teatre María Guerrero de Madrid el 1951, Salvador Dalí obria la polèmica sobre el posicionament polític dels dos artistes en l'Espanya del franquisme. S'havien conegut a París després de la guerra. Però així com Dalí, que mai havia amagat les seves simpaties pel dictador, va tornar a casa el 1948, Picasso va continuar exiliat a França. El comentari del pintor català va tenir un gran ressò mundial i, disset anys més tard, l'autor francès Serge Gainsbourg va agafar la seva expressió final «moi non plus» (jo tampoc) per al títol del que seria el seu gran èxit musical: «Je t'Aime... Moi Non Plus».

Dalí i Gainsbourg van coincidir diverses vegades en la vida parisenca. Les seves afinitats artístiques i personals feien que freqüentessin els mateixos ambients i no era estrany que es trobessin qualsevol nit a l'hotel Le Meurice, al restaurant Maxim's o al Club Elysée Matignon. Gainsbourg admirava molt la feina de Dalí i potser per això va decidir fer-li un petit homenatge posant com a afegit al títol de la seva cèlebre «Je t'aime» la frase que l'artista empordanès havia dedicat al pintor malagueny.

Gainsbourg va escriure «Je t'Aime... Moi Non Plus» el 1968 per a Brigitte Bardot, que en aquella època era la seva amant. Inspirant-se en la música del tema «A Whiter Shade of Pale» de Procol Harum, va proposar a l'actriu una interpretació que més que una cançó era l'enregistrament d'un episodi sexual. Quan el marit de Bardot, el fotògraf Gunter Sachs en va escoltar el resultat, li va demanar si us plau que no la publiqués. Gainsbourg va acceptar-ho, però quan uns mesos més tard va començar a sortir amb la jove actriu anglesa Jane Birkin li va proposar repetir l'experiència per tornar a posar veu al tema. Aquest cop la gravació sí que es va editar i la interpretació entre gemecs i murmuris de Birkin la va convertir en la cançó que encara avui ostenta el rècord de ser la més censurada de la història.

48

KASHMIR
Led Zeppelin

15 de setembre de 1772. Neix l'explorador alemany Friedrich Conrad Hornemann.

A finals del segle XVIII, el Govern britànic va crear l'African Association, una entitat que tenia com a objectiu promoure el descobriment de l'interior del continent africà. Friedrich Conrad Hornemann va ser un dels exploradors que va formar part d'aquesta organització i que amb el temps es reconvertiria en la Royal Geographical Society. Hornemann va participar en diverses expedicions que el van dur a resseguir el curs del Nil escrutant zones fins llavors desconegudes. Però la gesta per la qual és recordat aquest aventurer d'origen alemany és la que l'acredita com el primer europeu que va creuar el Sàhara de nord a sud.

Amb una superfície de més de nou milions de quilòmetres quadrats, el Sàhara és el desert més gran del món i ha estat un referent recurrent en peces de diferents disciplines artístiques. Ha estat escenari de novel·les, set de rodatge de pel·lícules i també font d'inspiració de temes musicals. Led Zeppelin és una de les bandes que té una cançó creada en aquesta immensa extensió de terra desèrtica que ocupa la major part del territori del nord d'Àfrica.

Era l'any 1973 i Jimmy Page i Robert Plant havien estat convidats al Festival Nacional de Folklore del Marroc. Mentre travessaven la vessant atlàntica del desert saharià, en la ruta que els duia d'Agadir a Sidi Ifni, Plant no podia parar de mirar des de la finestra del cotxe aquella terra àrida que discorria entre dunes, resseguint el camí que segles abans havien obert exploradors com Hornemann. Embriagat per la fascinació d'aquella imatge, va treure llapis i paper i va començar a escriure la lletra d'una cançó que recollia els elements que conformaven aquell paisatge.

La cançó descrivia les sensacions que aquell paratge africà transmetia al cantant de Led Zeppelin, però a l'hora de titular-la Plant va decidir posar-hi una referència geogràfica que apuntava cap a una destinació ben diferent: el Caixmir. Cap dels membres de la banda havia estat mai en aquesta zona nord del subcontinent indi, però sí que havien visitat el país en diferents ocasions i, fruit d'aquests viatges, en la música que feien els Zeppelin aquells anys setanta, s'hi podien reconèixer elements d'influència hindú. Així que, Robert Plant es va prendre la llicència de batejar el tema amb un topònim que res tenia a veure amb els elements que apareixien en la seva lletra. De fet, la cançó inicialment s'havia de titular «Driving to Kashmir» però finalment va decidir escurçar la frase i deixar-la simplement com a «Kashmir».

La banda va enregistrar el tema l'any següent d'aquell viatge i el va incloure a *Physical Graffiti*, el seu sisè l'àlbum, que va veure la llum el febrer de 1975. Està considerada com una de les peces més originals i interessants de Led Zeppelin i tot i els seus gairebé vuit minuts i mig, una durada que feia difícil que les emissores de ràdio poguessin fer-la sonar de forma íntegra, la cançó va tenir molt bona rebuda per part dels seguidors de la formació britànica. A principis dels vuitanta, Plant i Page van reunir-se acompanyats d'una orquestra egípcia dirigida per Hossam Ramzi per fer una espectacular versió en directe de «Kashmir» que també ha estat molt aclamada.

49

KEEP TALKING
Pink Floyd

8 de gener de 1942. Neix Stephen Hawking.

El 1993 l'empresa britànica de telecomunicacions BT va llançar un anunci de televisió en què posava en relleu la capacitat per comunicar-se dels humans com un dels assoliments més grans de la nostra espècie. Com a reclam d'aquesta peça, els directors de la campanya van tenir l'encert de contractar el físic Stephen Hawking perquè hi posés la veu en off llegint un text que incidia en les possibilitats il·limitades que s'incorporaven a aquesta qualitat humana gràcies a la tecnologia.

David Gilmour explica que es va emocionar molt veient aquest anunci. De fet, el va qualificar com la publicitat més poderosa que mai havia vist. Per això no s'ho va pensar dues vegades i va contactar amb Hawking per demanar-li permís per utilitzar aquest tall de veu en una de les cançons que estava component per a l'àlbum *The Division Bell.*

El músic va agafar les dues frases amb què arrencava la peça comercial de BT i les va convertir en la introducció d'un tema que tractava sobre la incomunicació i que va titular «Keep Talking» en al·lusió al missatge sobreimprès amb què acabava l'anunci: «BT is helping to keep the world talking» (BT ajuda que el món continuï parlant).

Vint anys més tard, a *The Endless River,* el disc que Pink Floyd va publicar com a comiat i tribut al seu teclista Richard Wright, la banda va recuperar el fragment de veu d'aquesta peça publicitària que no van fer servir el 1994 i el van incorporar a un tema que van titular «Talkin' Hawkin».

50

KILLING ME SOFTLY WITH HIS SONG

Roberta Flack

29 de novembre de 1953. Es fa el primer vol de Los Angeles a Nova York sense escales.

La primavera de 1973 Roberta Flack va aconseguir convertir «Killing Me Softly With His Song» en tot un número u. L'havia sentit uns mesos abans al fil musical d'un vol directe que la portava de Los Angeles a Nova York, una línia que des de feia vint anys s'havia convertit en una mena de pont aeri de la música, que unia dues de les ciutats del país on bullia la creació compositiva dels artistes de l'època. La gravació original era una cançó de la cantautora Lori Lieberman que no havia tingut massa repercussió i, aprofitant que era un tema que encaixava perfectament en el seu registre, Flack va decidir reinterpretar-la. La popularitat que aquesta cantant de soul nascuda a Carolina del Nord va donar a la peça, va ser determinant. Però així com no hi ha dubte que l'èxit comercial de «Killing Me Softly With His Song» s'ha d'atribuir a la versió de Roberta Flack, el que no queda tan clar és quin és l'origen real de la cançó. De fet, n'hi ha dues versions. I ambdues tenen punts de trobada, tot i que difereixen en els detalls segons el record de cadascun dels seus protagonistes.

Lori Lieberman defensa que la cançó va partir d'un poema que va escriure a finals dels seixanta tornant d'un concert d'un llavors desconegut Don McLean, l'autor de la mítica «American Pie». Emocionada per aquella actuació, i especialment pel tema «Empty Chairs», Lieberman va escriure uns versos en què expressava com l'havia estremit aquella cançó que parlava de la mort d'algú estimat. Aquell mateix vespre va trucar al compositor i lletrista Norman Gimbel, amb qui estava treballant les cançons del seu nou disc, i els els va llegir. Segons ella, Gimbel li va comentar que allò que li acabava de recitar encaixava perfectament amb una idea que tenia anotada a la seva llibreta. I així, a partir d'aquests dos elements, entre tots dos van acabar de compondre el tema.

Segons Gimbel, en canvi, la gènesi de «Killing Me Softly With His Song» arrencaria d'una frase que havia llegit a la novel·la *Rayuela* de Julio Cortázar. Es tracta d'una expressió que apareix al segon capítol d'aquest llibre, concretament en un passatge que descriu l'escena d'un home recolzat a la barra d'un bar i que, mentre escolta el que toca el pianista, verbalitza que li fa l'efecte que aquelles notes acabaran per «matar-lo dolçament a força de blues». El lletrista es va apuntar aquelles paraules a la llibreta que sempre l'acompanyava i, segons ell, a principis de 1971, quan es trobava en ple procés creatiu del nou disc de Lori Lieberman, hi va topar de nou fullejant aquell quadern. Li faltava un tema per completar el repertori de deu cançons, i va pensar que aquell podia ser un bon concepte a partir del qual rematar la feina. La traducció anglesa que havia llegit de Cortázar literalment parlava de «Killing us softly with his blues», però al final, per no acotar-ho a un estil musical concret, va decidir canviar *blues* per *cançó*. Quan va rebre la trucada de Lieberman i la va sentir recitar el poema que acabava d'escriure, Gimbel va agafar alguns d'aquells versos i els va fusionar amb altres frases que ell ja tenia escrites, acabant de compondre així el tema definitiu que després enregistraria la cantautora.

Aquestes dues versions de la història de «Killing Me Softly With His Song» han conviscut durant dècades a l'esquena de l'èxit que va aconseguir Roberta Flack i de les moltes versions que n'han fet posteriorment altres artistes i que l'han convertit en tot un clàssic. La cançó, a més, va tenir un ressorgiment el 2002 gràcies a l'adaptació cinematogràfica de la novel·la de Nick Hornby *About a Boy* (*Un nen gran*, en la seva versió en català), en la qual «Killing Me Softly With His Song» té un paper destacat i que ha quedat immortalitzat en l'imaginari col·lectiu per la interpretació de Hugh Grant, quan al final de la pel·lícula surt a cantar-la tocant la guitarra, amb més o menys encert, en un festival escolar.

51

KNOCKING ON HEAVEN'S DOOR
Bob Dylan

13 de març de 1996. Es produeix la massacre de Dunblane.

El 13 de març de 1996 es va produir una de les tragèdies més atroces de la història recent britànica. Va ser a Dunblane, una petita localitat situada al nord d'Edimburg, on un pertorbat va entrar en una escola de primària amb quatre pistoles automàtiques. Thomas Watt Hamilton, de 43 anys i vell conegut dels veïns del poble, va anar directe al gimnàs i va començar a disparar a boca de canó contra els alumnes que en aquell moment feien classe d'educació física. En menys de tres minuts va acabar amb la vida de 16 nens d'entre 5 i 6 anys i de la seva mestra. Tot seguit, es va suïcidar amb un tret al cap. La massacre va consternar el país, que es va abocar a mostrar indignació pels assassinats i solidaritat amb les famílies damnificades. Una d'aquestes iniciatives va ser l'homenatge que el músic escocès Ted Christopher va fer a les víctimes amb una versió molt especial de «Knocking on Heaven's Door».

Bob Dylan va escriure aquest tema el 1973 per a la pel·lícula *Pat Garrett and Billy The Kid* (*Pat Garret i Billy el Nen,* en la seva versió en català), un western dirigit per Sam Peckinpah en què el cantant hi apareixia també com a actor. Expliquen que durant el rodatge a l'estat mexicà de Durango, el director va comentar a l'equip que trobava a faltar un fons musical per a l'escena del tiroteig en què un dels protagonistes és ferit mortalment. Tot seguit, Dylan es va tancar amb la seva guitarra a l'habitació on s'allotjava i en una estona va compondre «Knocking on Heaven's Door».

Després de ser inclosa en la banda sonora i que el músic l'editès com a single, el tema ha estat versionat en moltíssimes ocasions per diferents artistes i en diversos estils. Eric Clapton, Bon Jovi, Roger Waters o Avril Lavigne han reinterpretat aquest tema que la revista *Rolling Stone* ha inclòs en la seva selecció de les cinc-centes millors cançons de tots els temps. De totes elles, però, la que segurament ha estat més exitosa és la que va fer *Guns N' Roses* el 1986. De fet, hi ha tota una generació que va créixer convençuda que «Knocking on Heaven's Door» era un tema original de la banda californiana.

Bob Dylan mai permet que s'alteri la lletra de les seves creacions, però quan es va produir la massacre de Dunblane va fer una excepció i va autoritzar que Ted Christopher hi afegís uns versos en memòria dels infants que van perdre la vida en el tràgic episodi. L'estrofa deia: «Lord these guns have caused too much pain. This town will never be the same. So for the bairns of Dunblane. We ask please never again» (Senyor, aquestes armes han causat massa dolor. Aquesta ciutat mai tornarà a ser la mateixa. Així doncs, pels habitants de Dublane us demanem si us plau: mai més).

Aquesta versió de «Knocking on Heaven's Door», interpretada amb nens de Dunblane acompanyant Ted Christopher al cor, ben aviat es va convertir en número u al Regne Unit i tots els guanys recaptats amb la venda del disc es van destinar a organitzacions benèfiques infantils.

52

LADY IN RED
Chris de Burgh

6 de setembre de 1997. Se celebra el funeral de Diana de Gal·les.

Hi ha músics que, tot i no tenir un gran nombre de seguidors incondicionals ni destacar per una discografia plena d'èxits, han aconseguit mantenir-se actius al llarg del temps. És el cas de Chris de Burgh, un compositor que molts només recorden bàsicament per un tema amb què va fer fortuna a mitjans dels vuitanta: «Lady in Red».

Fill d'un diplomàtic britànic i una secretària irlandesa d'una distingida nissaga, Chris de Burgh va néixer el 1948 a l'Argentina com a Christopher John Davison. Després de voltar per diferents països seguint les destinacions que li encomanaven al seu pare, sent un adolescent es va instal·lar amb seva família en un castell del segle XII que el seu avi matern, el general Sir Eric de Burgh, havia comprat a Irlanda i que havia estat reconvertit en un hotel. Allà va començar a oferir breus actuacions musicals per als clients. I, a poc a poc, va anar entrant en contacte amb el món de la música, al qual va acabar presentant-s'hi amb el nom artístic de Chris de Burgh en honor al seu avantpassat.

Havent publicat diferents treballs d'estudi sense cap tema remarcable, el juny de 1986 va sorprendre tot el món amb «Lady in Red», un single que al cap de poques setmanes del seu llançament ja va assolir la primera posició en les llistes d'èxits. A ell li hagués agradat anomenar-lo «The Way You Look Tonight», però ja existia un tema molt popular amb aquest títol, així que finalment va descartar la idea. La cançó estava dedicada a la seva dona Diane i evocava l'instant en què la va veure per primera vegada, radiant enfundada en un vestit vermell. I a partir del record d'aquella imatge va escriure la melodia i la lletra d'una peça que s'ha convertit en tot un clàssic de les balades dels vuitanta.

No obstant això, i com que en el moment del llançament del tema Chris de Burgh no va revelar qui era la musa que l'havia inspirat, «Lady in Red» va generar algun malentès. I és que la princesa Diana de Gal·les, que comptava a De Burgh entre els seus intèrprets preferits, estava convençuda que la dona de vermell de què parlava la cançó era ella. Lady Di, que és com tothom s'hi referia afectuosament des que s'havia casat amb el príncep Carles d'Anglaterra, era un dels personatges més mediàtics del moment i era habitual veure-la a les revistes lluint vestits de color vermell. Així que, quan va tenir l'oportunitat de conèixer personalment Chris de Burgh després d'un dels seus concerts, va voler agrair-li que li hagués dedicat aquella bonica cançó. El músic es va sentir molt afalagat per les seves paraules, però no va tenir més remei que confessar-li que la protagonista del tema no era ella, sinó la seva dona, que casualment tenia un nom molt semblant al seu.

El 1993, quan tot just feia un any que s'havia separat, Lady Di va ser l'encarregada de desvetllar el nom del nou Airbus A340 de la línia aèria Virgin. Acompanyada pel propietari de la companyia, Richard Branson, la princesa de Gal·les va descórrer la cortineta darrere la qual s'amagava el nom de l'aeronau. I quina va ser la seva doble sorpresa al descobrir que l'avió havia estat batejat com a *Lady in Red* i que el mateix Chris de Burgh havia estat convidat també a l'acte per interpretar la cançó del mateix nom. Quan quatre anys més tard, la princesa Diana va morir en un fatídic accident de trànsit mentre provava d'esquivar la premsa que la perseguia pels carrers de París, De Burgh no només va assistir al seu funeral, sinó que al concert d'homenatge a la seva memòria va interpretar-hi «Lady in Red».

53

LADY MADONNA
The Beatles

22 de setembre de 1888. Es publica el primer número de la revista *National Geographic.*

El 22 de setembre de 1888 sortia al carrer el primer número de la revista *National Geographic.* Va néixer amb l'objectiu de donar difusió als continguts de les expedicions i investigacions de la National Geographic Society, l'entitat creada el gener d'aquell mateix any amb la voluntat de promoure i divulgar entre el gran públic coneixements i avenços en l'àmbit de la geografia mundial. Des de llavors, s'ha publicat cada mes ininterrompudament i ha anat incorporant noves disciplines d'interès com l'arqueologia, les ciències naturals, l'antropologia, la història i el medi ambient, i s'ha convertit en tot un referent mundial que actualment s'edita en 34 idiomes. A banda dels seus articles amb històries de racons de tot el planeta, la revista *National Geographic* és àmpliament reconeguda per la seva qualitat d'edició i especialment per l'espectacularitat de les fotografies que publica. I precisament va ser una d'aquestes imatges la que va inspirar un dels temes clàssics dels Beatles: «Lady Madonna».

El quartet de Liverpool va llançar aquest tema com a single el març de 1968 i ben aviat es va situar en les primeres posicions de les llistes d'èxits de la Gran Bretanya i els Estats Units. El van escriure Paul McCartney i John Lennon intentant emular l'estil de Fats Domino, que en aquell moment era un dels seus ídols. Amb el bugui-bugui del seu piano i la seva característica veu de ritme suau, Fats Domino va donar un gir a la música que es feia a Nova Orleans a principis dels cinquanta i va contribuir en l'evolució que la va portar cap a la creació del rock-and-roll. McCartney va explicar que per compondre la cançó s'havia inspirat en algunes peces d'aquest artista i que, mentre buscava el so d'aquella referència que tant admirava, es va deixar portar fins al punt que va acabar intentant imitar la veu del músic de Luisiana. Fats Domino s'ho va prendre com un afalac i, pocs mesos més tard, retornava als Beatles aquell petit homenatge enregistrant la seva pròpia versió de «Lady Madonna».

El novembre de 2017, però, Paul McCartney va revelar una nova informació sobre la composició d'aquest tema. Ho va fer en una entrevista que li va fer l'editora en cap de *National Geographic*, Susan Goldberg, amb motiu de la presentació del documental *One day a week* sobre la campanya vegetariana «Dilluns sense carn», de la qual el músic n'és un ferm defensor. En el transcurs de la conversa, McCartney va explicar que per escriure la lletra de «Lady Madonna» es va inspirar en una fotografia que havia publicat *National Geographic* el 1965. Era una imatge que il·lustrava un reportatge sobre les tribus que habiten les zones més remotes del Vietnam i en la qual hi apareixia una dona seminua alletant un nadó mentre vigilava una altra criatura somrient als seus peus. Al crèdit de la foto s'hi podia llegir «Mountain Madonna».

McCartney va recordar que aquella fotografia i el text que l'acompanyava el va transportar a una imatge recurrent de la iconografia catòlica i que, a partir d'aquí va escriure el títol i la lletra d'una cançó que trasllada aquest vincle maternofilial a un entorn culturalment més proper al del músic. Encapçalant el primer vers de tres de les seves estrofes, McCartney va recollir l'essència d'aquella imatge publicada en aquell exemplar de 1965 de *National Geographic*: «Lady Madonna, children at your feet» (Lady Madonna, nens als teus peus) i «Lady Madonna, children at your breast» (Lady Madonna, nens al teu pit).

54

LILI MARLEEN
Marlene Dietrich

12 d'agost de 1914. S'obre el front oriental de la Primera Guerra Mundial.

Poques setmanes després de l'assassinat de l'arxiduc Francesc Ferran d'Àustria a Sarajevo, l'imperi austrohongarès, aliat de l'imperi alemany, va envair Sèrbia. L'imperi rus, que feia costat a aquest territori, va sortir en la seva defensa i va declarar la guerra als altres dos imperis, obrint així el 12 d'agost de 1914 el front oriental de la Primera Guerra Mundial. L'extens territori que abastava aquesta àrea va desencadenar una guerra més dinàmica, lluny de la batalla de trinxeres que es va desenvolupar a l'oest d'Europa. Durant els tres anys i mig que va durar la guerra en aquest front, Guillem II, qui seria el darrer kàiser de l'imperi alemany i el darrer rei de Prússia, va enviar prop de 800.000 soldats del seu exèrcit a combatre contra els russos. Un d'aquests reclutes va ser Hans Leip, un mestre d'escola d'Hamburg que, entre combat i combat, es dedicava a escriure poemes, sense saber que una d'aquelles composicions es convertiria en una de les cançons més populars de la guerra que vint-i-cinc anys més tard tornaria a devastar Europa: «Lili Marleen».

Leip va escriure aquells versos recordant la seva xicota Lili, filla d'un botiguer de la seva ciutat natal i en els quals descrivia com s'acomiadava d'ella sota un fanal davant la caserna. Per a la segona part del nom de la noia diuen que es va inspirar en una jove infermera que va conèixer mentre feia guàrdia. El poema es va publicar el 1937 com a «Das Lied eines jungen Soldat auf der Wachter» (La cançó d'un jove sentinella) i no va ser fins al cap d'un any que el compositor Norbert Schultze va musicar aquells versos i va retitular la peça com a «Das Mädchen Unter der Laterne» (La noia sota el fanal).

A finals de 1939, Schultze va animar l'actriu i cantant Lale Andersen, amb qui llavors tenia una relació amorosa, a enregistrar el tema. El vinil de «Lili Marleen«, que és com es va començar a conèixer la cançó llavors, es va distribuir en algunes capitals europees. I quan l'abril de 1941 els alemanys van ocupar Belgrad, uns soldats van trobar-ne una còpia en una botiga i van fer-la sonar a través de les ones de l'emissora militar, dedicant-la als companys destinats al nord d'Àfrica. A Edwin Rommel, el mariscal que comandava aquest destacament que donava suport a les forces italianes, li va agradar molt el tema i va demanar que s'inclogués habitualment en les emissions radiofòniques. La cançó va tenir molt d'èxit entre els soldats i ben aviat van començar a arribar peticions des de tots els fronts perquè s'emetés una vegada i una altra, fins que finalment es va convertir en el tema que sonava cada dia a les 21.57 h com a tancament de la programació.

Però «Lili Marleen» no només es va fer famosa entre les files de l'exèrcit nazi, sinó que va arribar també a les files aliades, de manera que es va acabar convertint en una melodia adoptada per tots dos bàndols.

En aquells anys, el tema es va fer molt conegut i va ser traduït a un gran nombre d'idiomes. La cantant britànica Vera Lynn, que durant la guerra va ser una de les artistes actives més destacades, en va popularitzar l'adaptació en anglès sobre la traducció del compositor Tommie Connor. Però la versió que més fortuna va fer és, sens dubte, la que va gravar Marlene Dietrich i que es va convertir en un dels temes clàssics del seu repertori. La cançó va quedar tan associada a la seva persona que quan el 1981 Rainer Werner Fassbinder va decidir portar al cinema la vida de la cantant, no va tenir cap dubte a titular la pel·lícula *Lili Marleen*.

55

LOLA
The Kinks

21 de març de 2010. Mor Candy Darling, actriu i icona transsexual.

Que la Lola protagonista de la cançó dels Kinks és un travesti queda palès en la lletra. Però, qui s'amaga darrere el personatge a qui la banda va dedicar aquesta cançó? Doncs Candy Darling, tota una pionera de la transsexualitat de finals dels seixanta i principis dels setanta. Superestrella d'Andy Warhol i musa de fotògrafs com Richard Avedon o Robert Mapplethorpe, Darling va tenir una vida curta però intensa que la va convertir en tota una icona de l'època.

Va néixer com a James L. Slattery el 1944 al barri novaiorquès de Queens, però al cap de poc temps es va traslladar amb la seva mare a Long Island. D'adolescent li encantava mirar velles pel·lícules de Hollywood i imitar les seves actrius preferides, com Lana Turner, Joan Bennet o Kim Novak. La seva manera de fer efeminada, li va portar diversos problemes a l'institut, on era intimidat constantment pels companys de classe. Als 16 anys, l'assetjament es va fer tan insuportable que va deixar l'institut. Es va apuntar d'amagat a una escola de cosmètica i va començar a freqüentar locals gais vestit de dona. Quan la seva mare ho va descobrir, va decidir marxar a Manhattan on, al cap d'un temps i unes quantes injeccions d'hormones, va renéixer com a una nova persona: la dona i actriu Candy Darling.

La seva vida va ser un tribut a l'encant de la feminitat. Amb la seva cabellera ondulada de color ros platí i una mirada que combinava delicadesa i desvergonyiment, Darling tenia la capacitat d'eclipsar tot el que l'envoltava: a l'escenari, al cinema, en una sessió de fotos i a la vida en general. Andy Warhol la va convertir en protagonista de dues de les seves pel·lícules experimentals i reputats fotògrafs li van demanar que posés per als seus retrats. Durant aquells anys, la seva figura va esdevenir tot un símbol i un model per a moltes persones que lluitaven per normalitzar un estil de vida que la societat no acabava d'acceptar.

La fascinació que generava Candy Darling va atrapar també el líder dels Kinks, Ray Davies, que va dedicar-li una de les seves cançons. Segons la revista *Rolling Stone*, Davies i Darling van sortir plegats durant una breu temporada, però Davies ha negat sempre aquesta versió, al·legant que mai va tenir una relació amorosa amb ella i que només van anar a sopar en una ocasió. Sí que ha admès que va escriure «Lola» inspirant-se en una nit en què tots dos van coincidir en un club nocturn del Soho londinenc quan encara no es coneixien. Segons Davies, la lletra no relata exactament el que va passar aquella nit, però sí que n'intenta recollir l'essència: una trobada romàntica entre un home i el que sembla ser un travesti que es fa dir Lola. Quina part és certa de la història i quina fruit de la imaginació i la creativitat del músic és una qüestió tan ambigua com la mateixa naturalesa de Candy Darling.

56

LONDON CALLING
The Clash

2 de novembre de 1936. La BBC inicia les retransmissions de televisió.

Des de fa gairebé un segle, la British Broadcasting Corporation (BBC) és tot un referent mundial de la ràdio i la televisió públiques i una de les institucions britàniques per excel·lència. Va ser fundada el 1922 per un consorci de fabricants de ràdio britànics com a projecte experimental, i pocs anys més tard, una carta reial la convertia en el servei de radiodifusió públic del Regne Unit. El 2 de novembre de 1936, la BBC feia un important salt endavant iniciant la primera retransmissió pública de televisió regular del món. Des d'un edifici victorià del nord de Londres, s'emetia el senyal que arribava a unes 20.000 llars, a les quals se'ls oferia una ambiciosa programació per l'època. L'inici de la Segona Guerra Mundial, però, va truncar l'embranzida inicial d'aquesta nova tecnologia audiovisual, i la seva activitat no es reprendria fins al 1946.

Durant aquest període bèl·lic, la BBC va engegar el seu servei internacional dirigit a l'Europa ocupada, una iniciativa que ràpidament es va convertir en un espai de referència per a molts britànics repartits pel continent, així com per a ciutadans d'altres països del bàndol dels aliats. Aquesta programació arrencava cada dia amb el mateix encapçalament: «This is London calling...», una frase que a partir de llavors es va fer molt famosa i que anys més tard inspiraria el títol d'una de les cançons més famoses de The Clash: «London Calling».

Joe Strummer, el líder d'aquesta banda referent de la primera onada punk sorgida la dècada dels setanta, era un addicte a les notícies i moltes de les referències a fatalitats de les seves lletres provenien d'informacions que havia llegit a la premsa o escoltat en noticiaris. I per escriure «London Calling», a banda de la referència mediàtica del seu títol, Strummer s'havia centrat en dues notícies que l'havien impactat: d'una banda, l'accident nuclear de Three Mile Island, que havia desencadenat el pànic a Pensylvania el març de 1979 i que havia transcendit a tots els informatius d'arreu del món; de l'altra, una de les conseqüències del pols armamentístic que en aquells anys de Guerra Freda mantenien els Estats Units i la Unió Soviètica. I és que les proves nuclears que constantment realitzaven ambdues potències van generar uns nivells de radioactivitat que van provocar un augment considerable de les pluges en regions situades a milers de quilòmetres dels enclavaments on es duien a terme. Aquesta situació tenia les autoritats britàniques en alerta per un possible desbordament del Tàmesi, una possibilitat que Strummer havia llegit en un article del *London Evening Standard*, en el qual s'advertia que el mar del Nord corria el risc d'elevar-se i fer pujar el cabal del riu, inundant gran part de la capital.

La lectura d'aquesta notícia, que va quedar reflectida al vers «London is drowning and I live by the river» (Londres s'està enfonsant i jo visc al costat del riu), era només un exemple de la preocupació amb què vivien els joves d'aquella època i que es descriu a «London Calling», així com a la resta de cançons incloses en l'àlbum del mateix títol i que la banda va publicar a finals de 1979. L'atur, els conflictes racials, l'ús de drogues i les tensions generacionals són algunes de les temàtiques abordades per Strummer en les lletres dels temes de *London Calling*.

En aquest context, la cançó que donava nom al disc era un crit de socors a la societat britànica i al món sencer d'una joventut que veia un futur molt negre, però també relatava la precària situació de la banda en aquell moment. Els membres de The Clash estaven molt endeutats, sense un mànager que els representés i en constants discussions amb la discogràfica sobre el format que havia de tenir el nou disc. *Give 'Em Enough Rope*, el seu segon treball d'estudi, havia aconseguit un gran èxit entre el públic del Regne Unit, i els músics confiaven que el nou disc que preparaven els consolidés com una de les formacions del moment. Ells volien treure un àlbum doble, però els productors no ho veien clar i això va generar una gran tensió que finalment es va resoldre editant-lo com a disc doble, però comercialitzat com si fos un de senzill. *London Calling* va vendre prop de dos milions de còpies i es va convertir en el novè disc més venut al Regne Unit.

57

LOSING MY RELIGION
R.E.M.

21 d'octubre de 1982. Gabriel García Márquez guanya el Premi Nobel de Literatura.

El 21 d'octubre de 1982, l'Acadèmia Sueca concedia per decisió unànime de tots els seus membres el Premi Nobel de Literatura a l'escriptor colombià Gabriel García Márquez. Amb aquest guardó es reconeixia la trajectòria de l'autor de *Cien Años de Soledad,* després de gairebé quatre dècades dedicades a escriure històries, algunes de les quals s'han convertit en peces clau de la literatura universal. Els contes i novel·les de *Gabo*, que és com se'l coneixia afectuosament, són llegits arreu del món i han esdevingut font d'inspiració d'artistes d'altres disciplines. És el cas de R.E.M., que per al videoclip de «Losing My Religion» va prendre com a referent una de les seves històries, un relat publicat el 1955 titulat *Un señor muy viejo con unas alas enormes.*

«Losing My Religion» és una expressió del sud dels Estats Units (els membres de R.E.M. són d'Athens, una ciutat de l'estat meridional de Geòrgia) que podria traduir-se com 'perdre les bones maneres o arribar al límit de la paciència'. La banda havia volgut recuperar aquesta frase feta per abordar el tema d'un amor no correspost capaç d'atrapar la persona que el pateix fins a arribar a convertir-se en una obsessió. En aquest sentit, en alguna ocasió el líder de la banda, Michael Stipe, ha comparat la temàtica de la cançó amb la idea abordada per Sting a «Every Breath You Take».

La cançó era el primer single d'*Out of Time*, el setè disc de la banda i amb el qual el 1991 R.E.M. es consolidaria com un dels grans grups del moment a escala internacional. Com a suport audiovisual al llançament de «Losing My Religion», els músics volien fer un vídeo senzill de l'estil del que un any abans havia fet Sinéad O'Connor per a «Nothing Compares 2 U». Però Tarsem Singh, el director que van triar per realitzar-lo, portava de cap crear una peça una mica més complexa inspirada en un estil de filmació hindú en què tot prenia un aire melodramàtic.

Finalment, va ser el conte de Gabriel García Márquez l'element d'equilibri entre totes dues postures. *Un señor muy viejo con unas alas enormes* relata la història d'un ésser alat d'edat avançada que sembla que és un àngel. Durant una tempesta s'estavella al pati d'una casa i els seus propietaris el converteixen en una atracció de circ. Amb aquesta història com a inspiració principal, el director i els músics van arribar a un concepte que cobria les expectatives de tots dos i que es va materialitzar en un videoclip que aquell any s'enduria fins a cinc premis MTV: millor vídeo de grup, millors efectes especials, millor direcció artística, millor direcció i millor edició.

El vídeo arrenca amb una breu seqüència que transcorre en una habitació poc il·luminada amb una finestra oberta des d'on es veu com plou. Seguidament, Bill Berry, Peter Buck i Mike Mills comencen a córrer mentre Mike Stipe roman assegut. De sobte, una gerra de llet cau des de l'ampit de la finestra vessant tot el líquid sobre el terra de la cambra i donant pas a l'inici dels primers compassos de la cançó. En les escenes posteriors se succeeixen diferents situacions i imatges carregades d'imatgeria religiosa, així com referències a l'obra del pintor italià Caravaggio i al cineasta rus Andrei Tarkovsky. Totes elles, alternades de forma recurrent amb plans en què la càmera enquadra Stipe davant d'unes ales angelicals, en clara al·lusió al protagonista del relat de García Márquez.

58

LOVE ME TENDER
Elvis Presley

12 d'abril de 1861. Comença la Guerra Civil Nord-americana.

«Aura Lee» és una cançó de 1861 que es va estrenar poques setmanes abans de l'inici de la Guerra Civil Nord-americana. Escrita per William W. Fosdick i George R. Poulton era una balada sentimental que va tenir molt èxit en aquells anys. El tema es va estendre per tot el territori i aviat es va convertir en una composició tan coneguda que els soldats de tots dos bàndols la cantaven sovint al vespre al voltant de les fogueres dels campaments.

Un segle més tard, Elvis Presley va recuperar aquest clàssic i el va convertir en una de les seves cançons més aclamades: «Love Me Tender». Amb l'ajuda del compositor Ken Darby, va arreglar-ne la melodia i va incorporar-hi una nova lletra amb l'objectiu de convertir-la en la peça central d'una pel·lícula que havia de titular-se *The Reno Brothers* i que constituïa el debut d'El Rei del Rock en el cinema.

La va interpretar per primera vegada el setembre de 1956, setmanes abans del llançament del single i de l'estrena del film, al programa de televisió *The Ed Sullivan Show.* I la seva actuació va tenir tant èxit, que els dies següents la discogràfica va rebre fins a un milió de sol·licituds anticipades de venda, la qual cosa va fer que «Love Me Tender» es certifiqués com a disc d'or fins i tot abans de ser llançada al mercat. Davant aquesta espectacular rebuda comercial, els productors no van voler perdre l'oportunitat d'aprofitar la popularitat del tema i, en un moviment d'última hora, van canviar el títol inicial del film pel de *Love me Tender.*

59

LUCY IN THE SKY WITH DIAMONDS

The Beatles

28 de juny de 1943. Neix el paleontòleg Donald Johanson.

Era una dona, rondava la vintena, feia poc més d'un metre d'alçada i pesava uns 27 kg. Tenia un crani minúscul, comparable al d'un ximpanzé, i la forma de la seva pelvis, així com la capacitat articular dels seus genolls, demostraven que caminava sobre els seus dos membres posteriors, tot i que la robustesa dels seus braços feia pensar que també es movia sovint entre els arbres. Així la va descriure el paleontòleg Donald Johanson després d'analitzar el 40% de l'esquelet d'aquest homínid que va viure fa més de tres milions d'anys al nord d'Etiòpia, i que va descobrir en una expedició del Museu d'Història Natural de Cleveland, en la qual hi participaven també els francesos Yves Coppens i Maurice Taieb. Calia, però, posar-li un nom per presentar-la en societat. I com que aquell 24 de novembre de 1974, quan els expedicionaris van fer la troballa, per la ràdio sonava «Lucy in the Sky with Diamonds», van pensar que Lucy era el que més li esqueia.

Els Beatles havien publicat el tema el 1967 dins de l'àlbum *Sgt. Pepper's Lonely Hearts Club Band*. Amb uns arranjaments musicals força complexos i una lletra que Paul McCartney va explicar que s'emmarcava en la descripció d'una al·lucinació, aquesta és una de les cançons més psicodèliques del quartet de Liverpool. La referència a l'LSD, a través de l'acrònim que s'extreu de les tres paraules principals del títol, va fer créixer encara més la creença que la peça estava inspirada en l'imaginari d'aquesta substància, però l'explicació que va donar John Lennon, autor de part del tema, va ser una altra.

Segons Lennon, va agafar la idea de la cançó a partir d'un dibuix que li va ensenyar el seu fill Julian, en què apareixia la seva amiga i companya de classe, Lucy O'Donnell, envoltada d'estrelles, i que el petit, que llavors tenia 4 anys, va descriure com a «Lucy in the sky with diamonds» (Lucy al cel amb diamants). Aquesta creació artística infantil sembla que hauria portat Lennon a recordar imatges de la seva infantesa, concretament de l'imaginari de Lewis Carroll a *Alícia al País de les Meravelles*. Tot i així, malgrat que aquestes fossin les dues fonts d'inspiració del tema, «Lucy In The Sky With Diamonds» no ha pogut treure's mai de sobre les especulacions sobre la seva relació amb l'àcid de moda dels setanta. Tant va ser així, que arran de la cançó aquest al·lucinogen va prendre el sobrenom de *Lucy*.

60

MA BAKER
Boney M

16 de gener de 1935. La llegendària criminal Kate Barker mor en un tiroteig amb l'FBI.

L'any 1977 els Boney M van arrasar a les pistes de ball amb el seu enganxós «Ma Baker». La música estava inspirada en una cançó folklòrica de Tunis, coneguda com a «Sidi Mansour», que l'assistent del productor i veu a l'ombra de la banda Hans-Jörg Mayer havia sentit durant unes vacances. La lletra, en canvi, es referia a la llegendària criminal de la dècada dels anys trenta Kate Barker. Amb aquesta cançó la banda encetava una estranya afició per fer ballables les històries de personatges foscos i delinqüents de diferents èpoques i nacionalitats, i que seguiria amb èxits com «Rasputin» o «El Lute».

Coneguda com Ma Barker (Boney M va decidir treure la *r* del cognom perquè els va semblar que Baker sonava millor), la protagonista del tema és la mare d'un clan de gàngsters que va sembrar el pànic a la zona de l'Oest Mitjà dels Estats Units als anys trenta. L'interès que van despertar entre la premsa figures criminals de l'època com Bonnie & Clyde, John Dillinger o la mateixa Ma Barker amb la banda que formava amb els seus fills, van fer que aquest període es bategés com «l'Era dels Enemics Públics».

Arizona Donnie Clark va néixer a Missouri el 1873. Amb 19 anys es va casar amb George Barker, amb qui va tenir quatre fills: Herman, Lloyd, Arthur i Fred. El marit va marxar de casa al cap de poc i ella, convertida en Kate Barker, va criar-los tota sola amb els escassos recursos de què disposava. El poc interès que tenien els nois pels estudis i els entorns conflictius que freqüentaven van convertir ben aviat aquells xicots en delinqüents juvenils, i la seva mare en assídua a les comissaries, on muntava rabietes i números estridents per suplicar que els alliberessin cada cop que els arrestaven.

Amb el temps, els delictes i la fama de tots plegats van anar creixent i, batejats com a «Els Barker Karpis», van esdevenir un dels grups criminals més buscats. Cometien robatoris, segrestos, atracaments i extorsions. El paper que la mare, coneguda ja llavors per tothom com Ma Barker, va tenir en totes aquestes activitats delictives no ha quedat mai clar del tot. Era evident que n'estava al corrent i que hi col·laborava, però la imatge de líder i planificadora que va tenir entre l'opinió pública no ha estat mai demostrada.

El mite de Ma Barker va acabar convertint-se en llegenda de la història criminal el 16 de gener de 1935. Va ser en una persecució policial en què ella i el seu fill Fred van ser acorralats per l'FBI en una cabana a la riba del llac Weir, a Florida. Els agents van rodejar la casa i van encetar un tiroteig que va durar quatre hores i en el qual es van disparar més de dues mil bales. Fruit d'aquest foc creuat, la matriarca va morir per l'impacte dels trets. En el sumari policial es va recollir que «Ma Barker havia caigut amb una metralladora a les mans».

A banda d'inspirar la cançó de Boney M, la seva figura forma part de la cultura popular americana. La seva història s'identifica en pel·lícules com *El segrest de Miss Blandish* del director Robert Aldrich, o *Maleïda mare*, en què un jove Robert de Niro interpreta el paper del seu fill Lloyd. En un to més amable, se la pot reconèixer també en la mare dels Fratelli, els gàngsters sapastres d'*Els Goonies*; en Ma Dalton, la progenitora dels eterns enemics de Lucky Luke; o fins i tot en Ma Beagle, la mare dels perseguidors de l'Oncle Garrepa a les històries de l'ànec Donald.

61

MACK THE KNIFE
Louis Armstrong

10 de febrer de 1898. Neix el dramaturg Bertolt Brecht.

«Mack the Knife» té una història tan llarga i rocambolesca com la de la cançó a què dona títol. El primer cop que va aparèixer el personatge d'aquest tema va ser a *L'òpera del captaire*, una obra escrita per John Gay el 1728 i protagonitzada per un bandoler anomenat MacHeath. Però no va ser fins dos segles més tard, quan el dramaturg alemany Bertolt Brecht va decidir fer-ne la seva adaptació, que el relat de la vida d'aquest criminal va començar a popularitzar-se.

Brecht la va titular *L'òpera dels tres rals* i, en col·laboració amb el compositor Kurt Weill, va actualitzar-ne el guió i la música per tal de convertir-la en una crítica marxista del món capitalista. Al personatge de MacHeath li va mantenir el nom, però li va donar l'àlies de *Mackie Messer* (Mackie, el Navalla) i el va fer més cruel i sinistre que l'original.

Pocs dies abans de l'estrena, l'agost de 1928, l'actor que feia de protagonista va demanar si podien fer-li una cançó de presentació del personatge per tal de suavitzar la seva entrada en escena. Com a resposta a aquesta petició, li van escriure un *moritat*, una balada d'origen medieval que fins ben entrat el segle XIX s'utilitzava per relatar les malifetes d'un criminal. Brecht va encarregar-se de la lletra, que en boca d'un cantant de carrer, repassava tot l'historial delictiu de MacHeath. I a sobre, Weill va compondre-hi una única melodia de setze compassos que s'anava repetint al llarg de tot el tema.

El musical i la seva posterior versió cinematogràfica van ser tot un èxit. Però aquest tema introductori que tothom coneixia ja com a «Mackie Messer» encara ho va ser més. Tant que va convertir-se en una de les peces més interpretades als cabarets del Berlín d'entreguerres. Amb l'arribada del nazisme, però, Weill i Brecht van haver de fugir d'Alemanya i la cançó va quedar en l'oblit durant més de dues dècades.

En el seu exili, Kurt Weill s'havia instal·lat a Nova York amb la seva dona. Allà la parella va coincidir amb Marc Blitzstein, un compositor que admirava molt l'obra de Weill i Brecht. Així que, quan Weill va morir el 1950, Blitzstein va decidir agafar els temes de *L'òpera dels tres rals* i fer-ne l'adaptació a l'anglès. L'obra es va estrenar al cap de quatre anys amb un èxit de taquilla discret. Però l'atzar va voler que a una de les representacions hi assistís el productor discogràfic George Avakian, que ràpidament va adonar-se'n que aquell *moritat* que Blitzstein ja havia rebatejat com a «Mack the Knife» tenia un gran potencial com a cançó instrumental de jazz. La va oferir a diversos artistes reconeguts, però ningú volia fer-la. Fins que la proposta va arribar a Louis Armstrong. El músic es va entusiasmar tant amb el tema que, a banda de tocar-lo amb la trompeta, també el va voler cantar.

La versió d'Armstrong es va convertir en la base a partir de la qual nombrosos artistes han fet les seves pròpies versions del tema. La més aclamada va ser la de Bobby Darin que, el 1959, la va portar al capdamunt de les llistes d'èxits. Però també la van interpretar Bing Crosby, Ella Fitzgerald o Frank Sinatra, que al final de la seva carrera sovint la feia servir com a cançó de tancament dels seus concerts. En el món llatí, el músic panameny Rubén Blades va ser qui va fer-ne la versió en espanyol amb un «Pedro Navaja» delinquint a ritme de salsa.

62

MAGGIE MAY

Rod Stewart

30 de juliol de 1961. Es tanca la darrera edició del Beaulieu Jazz Festival.

El 30 de juliol de 1961 es tancava la darrera edició del Festival de Jazz de Beaulieu, un certamen musical que es va celebrar durant sis anys als terrenys d'una abadia restaurada del segle XIII d'aquesta localitat d'Anglaterra. Va començar l'estiu de 1956 com un festival modest i, tot i que, a poc a poc, va anar creixent tant en nombre d'artistes com d'assistents, el seu plantejament va quedar eclipsat pels grans esdeveniments musicals a l'aire lliure que van aflorar a finals dels seixanta als Estats Units.

Tot i que no ha passat a la història com un dels festivals referents, qui sí que guarda un record d'aquella última convocatòria musical és Rod Stewart, ja que allà va ser on, amb 16 anys, va perdre la virginitat amb una dona força més gran que ell. Segons va explicar ell mateix en una entrevista anys més tard va ser una experiència breu i un pèl decebedora, però d'aquell episodi en va treure la inspiració per escriure un dels seus temes més recordats: «Maggie May».

La vivència d'aquell estiu de 1961 va despertar en el músic britànic els primers acords de la cançó, però no va ser fins al 1971 que va tancar la melodia i la va presentar com un dels singles del seu tercer àlbum *Every Picture Tells a Story*. El títol de la cançó, que no es correspon amb el nom de la noia en qüestió, el va agafar de «Maggie Mae», una cançó popular de Liverpool sobre una prostituta de Lime Street que els Beatles van incloure a l'àlbum *Let it Be*. A Stewart li va agradar el joc de paraules que el cognom May planteja en anglès en referència a la forma condicional de la construcció verbal *ser possible*. I en els seus concerts sovint presenta la cançó dient «This is Maggie May - sometimes she did, sometimes she didn't» (Això és Maggie May, de vegades ho va fer, de vegades no).

En les darreres dècades, «Maggie May» ha estat versionada en nombroses ocasions en diferents estils i idiomes. Bandes tan dispars com Blur o The Pogues han gravat les seves interpretacions personals del tema. Però també hi ha hagut músics no anglosaxons que s'han atrevit amb l'adaptació de la cançó en una altra llengua. En aquest sentit, destaca la que va fer en directe el grup espanyol M Clan el 2001 i que va incloure al seu àlbum titulat *Sin Enchufe*.

63

MATERIAL GIRL

Madonna

30 de maig de 1896. Neix el director de cinema Howard Hawks.

Expliquen que quan Howard Hawks li va dir a Marilyn Monroe que la volia per a *Gentleen Prefer Blondes* (*Els senyors prefereixen les rosses*), però no com a protagonista, ella li va contestar que tant se li'n donava ja que «sigui com sigui, jo continuo sent la rossa». I és que encara que el personatge principal de la pel·lícula l'interpretés Jane Russell, sabia que tothom es fixaria en ella, de la mateixa manera que passava des que, amb 20 anys, va decidir canviar el color de la seva cabellera castanya de reflexos pèl-rojos pel ros platí que ha quedat associat a la seva imatge.

Una de les escenes més recordades d'aquest film de 1953 és la que reprodueix l'actuació de Lorelei, el personatge que interpreta Marilyn en un cabaret cantant «Diamonds Are a Girl's Best Friend». La interpretació de l'actriu enfundada en un elegant vestit de setí rosa, d'escot recte sense tirants, i complementat amb uns guants llargs del mateix color plens de joies i diamants, s'ha convertit en tota una icona del cinema i en un passatge sovint imitat o parodiat per altres artistes. La reproducció que en va fer Madonna tres dècades més tard al vídeo de «Material Girl» n'és una de les més recordades.

Madonna va publicar aquest tema com a segon single de *Like a Virgin*, el disc que va enregistrar el 1984, just un any després del seu àlbum de debut. És una cançó sobre algú amb una vida despreocupada envoltada de riquesa, i que la cantant va explicar que s'adeia bastant a la situació en què es trobava ella mateixa en aquell moment. Aquest plantejament provocatiu acompanyat d'una música d'influència new-wave i arranjament de sintetitzadors, van convertir «Material Girl» en tot un èxit comercial i, segons els crítics, la mateixa Madonna en una icona.

El vídeo de llançament del tema és tota una al·legoria a la interpretació de Marilyn Monroe de «Diamonds Are a Girl's Best Friend» en la pel·lícula de Howard Hawks. Les imatges que reprodueixen l'escena original s'intercalen amb d'altres que representen escenes en què un director de cinema intenta guanyar-se el cor d'una actriu de Hollywood, en un paper que també interpreta Madonna.

Però els paral·lelismes entre ambdues artistes al voltant d'aquestes dues cançons van traspassar també la pantalla. I és que així com tres dècades abans Marilyn Monroe va casar-se amb el famós jugador de beisbol Joe Dimaggio, pocs mesos després del rodatge d'*Els senyors prefereixen les rosses*, de la gravació del videoclip de «Material Girl» Madonna en va sortir coneixent a qui al cap de mig any es convertiria en el seu primer marit, l'actor Sean

Pean. Al cap i a la fi, la imatge de rosses caça-marits de l'estereotip que ambdues artistes van representar en cadascun d'aquests papers va acabar tenint un desenllaç no tan allunyat en la vida real.

64

ME AND BOBBY MCGEE
Janis Joplin

21 d'abril de 1957. S'estrena *La Strada* de Federico Fellini.

Tot i que va ser Janis Joplin qui la va fer famosa, «Me and Bobby McGee» és una tema compost per Kris Kristofferson el 1969. En aquella època, Kristofferson es guanyava la vida fent de pilot d'helicòpter per a una petroliera, una feina que combinava amb la seva passió per fer cançons. Un dia va rebre la trucada de Fred Foster, fundador de la discogràfica amb la qual col·laborava, en què li comentava que tenia una proposta de títol perquè treballés una peça. Foster li va explicar que havia conegut una noia que es deia Barbara Bobby McKee i que li havia semblat interessant el fet que aquest nom pogués referir-se tant a un home com a una dona, ja que el nom de Bobby així ho permetia. Kristofferson, que va entendre malament el cognom, va acceptar l'encàrrec i va estar alguns dies pensant-hi al llarg dels seus trajectes aeris entre Baton Rouge i Nova Orleans.

Pel cap li rondava la música d'una cançó de Micky Newbury anomenada «Why You Been So Long», però no acabava de sortir-se'n amb la lletra. Finalment però, va trobar la inspiració. Va ser al recordar una pel·lícula de Federico Fellini que havia vist uns anys abans: *La Strada*. Concretament l'escena en què Anthony Quinn i Giulietta Masina van en moto acompanyats de la melodia que ella sempre fa sonar amb el seu trombó. Aquesta imatge va servir a Kris Kristorfferson per crear la història dels protagonistes de «Me and Bobby McGee»: una parella de joves sense gaires recursos que recorren plegats el país escoltant cançons i compartint bons i mals moments.

La primavera de 1969, Roger Miller va gravar la cançó i va tenir cert èxit. Però no va ser fins al cap de dos anys que el tema va aconseguir situar-se al capdamunt de totes les llistes, quan es va publicar de manera pòstuma la versió que Janis Joplin va enregistrar-ne dies abans de morir. Joplin i Kristofferson s'havien conegut a finals de juny de 1971 i des del primer moment es van entendre molt bé. Tots dos eren de Texas i la seva afició per les festes i l'alcohol era un punt de trobada fàcil entre tots dos músics.

Acabat l'estiu, Janis Joplin es va tancar amb els Full Tillt Boogie Band en un estudi de Los Angeles per enregistrar el seu nou disc. La cantant va decidir fer una sorpresa a Kristofferson gravant una versió acústica de «Me and Bobby McGee». Però la mort per sobredosi de Joplin al cap de poques setmanes va deixar l'àlbum inacabat. I no va ser fins al cap d'uns mesos, quan la discogràfica el va publicar, que Kristofferson va descobrir que dins de «Pearl» la seva amiga li havia deixat aquest emotiu regal de comiat.

65

MOON RIVER
Audrey Hepburn

12 de febrer de 1733. Es funda Savannah, la ciutat més antiga de l'estat de Georgia.

Truman Capote volia que fos Marilyn Monroe qui interpretés el paper de Holly Golightly a la versió cinematogràfica de la seva novel·la *Breakfast at Tiffany's* (*Esmorzar amb diamants*, en la seva versió catalana). Però finalment va ser Audrey Hepburn l'encarregada de donar vida a la jove encantadora i espantada que vivia sola, llevat de la companyia d'un gat sense nom. Estrenada el novembre de 1961 sota la direcció de Blake Edwards, la pel·lícula s'ha convertit en un dels grans clàssics del cinema, i el tema «Moon River» que Hepburn interpreta tocant la guitarra asseguda a l'ampit de la finestra, la seva escena més icònica. Pocs saben, però, que aquests dos minuts de la cinta van estar a punt de ser eliminats de la versió final del llargmetratge.

Henri Mancini i Johnny Mercer van compondre «Moon River» expressament per a aquest film, però en una reunió durant la fase de postproducció, un dels directius de la

Paramount va dir que calia eliminar aquella «estúpida cançó». Expliquen que quan Hepburn va sentir aquest comentari es va aixecar de la cadira i, amb un cop de puny sobre la taula va sentenciar: «Per sobre del meu cadàver!». La determinació de l'actriu britànica va ser tan contundent que finalment l'escena es va mantenir, una decisió que ha quedat demostrat que va ser totalment encertada, ja que aquell any el tema va acabar guanyant l'Oscar a la millor cançó original.

Tot i que la història de *Breakfast at Tiffany's* transcorre a Nova York, ciutat d'on és originària la joieria que dona nom al títol de la pel·lícula, «Moon River» no fa referència al riu Hudson sinó al Back River, el riu que passa per Savannah. Mercer, autor de la lletra, s'havia criat en aquesta població de l'estat de Georgia, i va inspirar-se en els seus records d'infantesa passats a prop de la riba d'aquest riu per escriure la cançó. Inicialment s'hi va referir com a «Blue River», però quan va descobrir que ja hi havia un tema musical que duia aquest títol, va decidir canviar-lo per «Moon River». Amb l'èxit de la pel·lícula, i en honor a la cançó, el Back River va passar a anomenar-se popularment Moon River.

66

MRS. ROBINSON
Simon & Garfunkel

11 d'octubre de 1884. Neix Eleanor Roosevelt.

El director de cinema Mike Nichols sempre havia estat un gran admirador de Simon & Garfunkel. Per això quan va començar a treballar en *The Graduate* (*El Graduat*, en la seva versió catalana) va decidir incloure tres dels seus temes a la banda sonora. «The Sound of Silence», «Scarborough Fair» i «April Come She Will» ja estava previst que sonessin en diferents escenes, però el que de debò li feia il·lusió a Nichols era que aquest duet li compongués un tema nou expressament per a la pel·lícula.

Nichols els ho va plantejar, però els músics estaven molt atrafegats en aquella època entre concerts i la preparació d'un nou disc i no veien com poder acceptar l'encàrrec. En una conversa posterior, però, Art Garfunkel va comentar al director que Simon estava fent una cançó titulada «Mrs. Roosevelt». I quan el cineasta va adonar-se'n que el cognom «Roosevelt» tenia el mateix nombre de síl·labes que el de la protagonista d'*El Graduat* els va plantejar al duet de canviar el títol pel de «Mrs. Robinson» i adaptar la història per fer-la encaixar en el guió del film. Paul Simon va acceptar donar-li un tomb al concepte per fer el que els demanava el cineasta i el resultat va ser un autèntic èxit.

Simon va reorientar part de la lletra que ja tenia escrita per explicar la història del personatge interpretat per Anne Bancroft i pel qual va guanyar el Globus d'Or a la millor actriu el 1968. No obstant això, es va permetre la llicència d'introduir-hi alguns elements referents a la figura femenina que inicialment havia inspirat el tema i que no era una altra que Eleanor Roosevelt, esposa del president Franklin D. Roosevelt. Versos com «Going to the candidates debate» (Anant al debat de candidats), en referència al paper de qui va ser primera dama dels Estats Units des de 1933 a 1945, durant les campanyes electorals que va viure al costat del seu marit; o «We'd like to help you learn to help yourself» (Ens agradaria ajudar-te a ajudar-te a tu mateixa), al·lusió al seu destacat activisme pels drets de les dones i els negres, posant per davant dels seus interessos les ganes d'ajudar els altres. Van ser petits detalls que Simon va voler amagar dins la cançó en homenatge a la dona a qui en un principi havia volgut dedicar-la.

67

MY GENERATION
The Who

30 de març de 2002. Mor la reina mare d'Anglaterra.

«My Generation» és possiblement un dels temes més emblemàtics de The Who. Com bé indica el seu títol, és l'himne de la generació d'aquest grup britànic, exactament la dels seixanta. Està considerada com una de les declaracions més potents de la rebel·lió juvenil de la història del rock, una temàtica que tracta de forma tan universal que ha aconseguit que joves d'èpoques posteriors també s'hagin sentit identificats amb la cançó.

Quan el líder de la banda Pete Townshend va compondre «My Generation» tot just tenia 20 anys i, com molts altres nois de la seva edat, intentava expressar l'angoixa de ser adolescent i la sensació d'incomprensió que tenia quan es relacionava amb les persones adultes. Townshend explica que va concebre el tema durant un viatge en tren recordant una notícia que havia llegit sobre la reina mare d'Anglaterra. Al text s'explicava que la monarca havia obligat a tenir retingut un cotxe fúnebre al barri londinenc de Belgravia per no veure'l durant la seva passejada diària. A partir d'aquell fet, que li havia semblat tan inconcebible, Townshend va escriure una lletra que reivindicava la personalitat de tots els nois i noies de la seva generació que no acabaven de trobar el seu lloc en una societat que ni entenien ni els entenia. Per a la part musical, va inspirar-se en una breu cançó del músic de jazz Mose Allison titulada «Young Man Blues», un tema que a partir de 1968 The Who incorporaria als seus directes fent-ne una versió passada pel sedàs del seu inconfusible rock-and-roll.

La banda va publicar «My Generation» el 1965 en el seu àlbum de debut, que precisament van batejar amb el títol d'aquesta cançó. Feia tot just un any que Keith Moon s'havia incorporat a la banda, conformant així la formació musical definitiva i que es mantindria intacta fins al 1978, data en què el bateria va morir amb 32 anys a causa d'una sobredosi de pastilles.

Durant les dècades dels seixanta i els setanta, The Who es va erigir com la banda referent dels *mods* britànics, una subcultura que agrupava seguidors de les motos escúter i de gèneres musicals com el soul, el beat i el rhythm-and-blues. L'ímpetu creatiu de la banda, no només es feia evident en les seves composicions, sinó també en les seves actuacions, en les quals sovint destrossaven instruments en directe. Tot va començar el setembre de 1964 en un concert al Railway Tavern de Londres. A Townshend se li va trencar accidentalment el mànec de la guitarra i, enfurismat al veure que el públic esclatava a riure, va decidir acabar de destrossar-la. Amb aquesta reacció, Townshend es convertia en el primer músic que destrossava expressament un instrument a l'escenari, una pràctica que aviat va tenir seguidors entre altres artistes de la seva mateixa generació.

68

MY SHARONA
The Knack

13 de gener de 1995. S'estrena *Pulp Fiction*, de Quentin Tarantino.

L'hivern de 1979, Berton Averre i Dough Fieger estaven en plena composició del que seria el seu single de debut amb The Knack. Treballaven sobre la base d'un riff que havia creat Averre feia temps i que a Fieger li havia encantat, però no acabaven de trobar la inspiració que els ajudés a convertir aquella frase rítmica en una cançó.

De cop, però, aquella situació es va desencallar. Va ser quan Fieger va entrar en una botiga de roba de Los Angeles i es va fixar en la dependenta que el va atendre. Era bastant més jove que ell, però se'n va enamorar a l'instant. Durant dies va estar buscant qualsevol excusa per entrar en aquell comerç i tornar-la a veure. Amb el temps va saber que es deia Sharona Alperin i que ja tenia xicot, però això no va impedir que Fieger es decidís a concentrar tot els seus esforços a intentar seduir-la. En un primer moment no va aconseguir-ho, però sí que van establir certa relació i, de tant en tant, ella s'acostava als assajos de la banda.

El músic no es treia del cap ni la noia ni aquell riff, i ben aviat va entendre el missatge: havia d'unir-los en una cançó. Així que una tarda The Knack es van tancar a l'estudi per treballar l'estructura i la melodia del que seria el seu primer single i que no es podria dir de cap altra manera que «My Sharona».

La jove dependenta no tenia ni idea que el grup havia compost una cançó amb el seu nom, però no trigaria gaire a descobrir-ho. Un dia que va anar a visitar-los al local d'assaig, els músics van decidir tocar-la en primícia per a ella. Sharona Alperin va quedar tan impressionada que finalment va cedir al flirteig de Fieger i va acabar convertint-se en la seva xicota. I quan uns mesos més tard, la banda va editar el tema, fins i tot va accedir a retratar-se per a la foto de portada sostenint l'àlbum *Get The Knack*, en què s'havia inclòs la cançó uns mesos abans.

Quinze anys més tard, Quentin Tarantino estava treballant en la banda sonora de *Pulp Fiction*. El director tenia pensat fer servir «My Sharona» per a l'escena en què Marsellus Wallace és vexat per dos psicòpates. Però quan va voler incorporar-la, es va trobar que Ben Stiller també havia demanat el drets del tema per a *Reality Bites*. Davant la dicotomia que aquella cançó acabés posant la música al dur i angoixant passatge del soterrani de la casa d'empenyorament o a l'alegre escena de quatre joves ballant en una benzinera, Fieger no va tenir cap dubte. Així que Tarantino va haver de buscar un tema substitut. L'escollit va ser «Comanche», una cançó de The Revels que per sempre més ha quedat associat a aquest angoixant moment de la pel·lícula.

69

MY WAY
Frank Sinatra

2 de març de 1931. Neix Mikhaïl Gorbatxov.

Si una cançó ha quedat associada a la figura de Frank Sinatra és sens dubte «My Way». Però la història d'aquest tema té altres protagonistes, títols i arguments que han quedat sepultats sota l'èxit d'aquest clàssic i la seva rellevància ha traspassat l'àmbit musical, convertint-se en tota una declaració d'intencions que fins i tot ha tingut incidència en la política.

Titulada originàriament «For me», va ser escrita pel compositor Jacques Revaux i el lletrista Gilles Thibault el 1967. La cançó havia de ser per a una vocalista d'origen italià anomenada Dalida, però com que a ella no li va entusiasmar, van decidir donar-la a Claude François, que en aquella època era un dels intèrprets que més triomfava entre el públic francès. Després d'alguns retocs, la peça va acabar com a «Comme d'Habitude» en referència al retrat tediós que els seus versos feien de la vida conjugal, a través del relat del distanciament progressiu d'una parella.

La cançó no va tenir tant d'èxit com altres temes de François i tot just va vendre 225.000 exemplars. Però el seu destí va canviar quan el cantant canadenc Paul Anka la va descobrir estant de vacances a França. La va veure en un programa de televisió en què François la interpretava, i li va agradar tant que va decidir comprar l'exclusiva de «Comme d'Habitude» en anglès. Però en comptes de ferne una traducció, Anka va optar per adaptar la lletra i reconvertir el tema en el recull de reflexions d'un home que, arribat a la maduresa, fa un repàs de la seva vida. La va rebatejar com «My Way» i la va portar a Frank Sinatra, que era l'artista que, des del primer moment, tenia al cap perquè interpretés la seva versió.

«My Way» es va editar el 1969 en un disc que duia el mateix nom, i amb els anys ha esdevingut una de les cançons més icòniques de la trajectòria artística de Sinatra. La identificació del tema amb el cantant es va anar enfortint amb el pas dels anys, però a mesura que es forjava com a peça reivindicativa de la seva personalitat, es transformava també en tot un símbol universal que anava més enllà de l'entorn musical. En aquest context, a finals dels vuitanta l'esperit de «My Way» fins i tot va inspirar el nom amb què el Govern de Mikhaïl Gorbatxov va batejar la seva política de no intervencionisme en els assumptes interns dels països del Pacte de Varsòvia, i que ha passat a la història com a doctrina Sinatra. Aquesta mesura, que es desmarcava del control rígid que s'havia aplicat des de la dècada dels seixanta a aquests països, permetia a les nacions integrants de l'acord de cooperació militar del bloc soviètic actuar de la manera que consideressin més oportuna a l'hora de procedir en qüestions internes.

El concepte *doctrina Sinatra* va ser encunyat pel portaveu oficial del Ministeri de Relacions Exteriors de la Unió Soviètica l'octubre de 1989 durant una entrevista a una televisió americana. Al ser preguntat sobre la reacció soviètica a la decisió de països com Polònia i Hongria d'implementar estratègies econòmiques reformistes copiades de la Perestroika, el representant del Govern de Gorbatxov va contestar: «Nosaltres tenim avui la doctrina de Frank Sinatra. Ell té una cançó que diu "I did it my way" (Ho vaig fer a la meva manera). Així, cada país decideix quin és el camí que ha de seguir». Poques setmanes després d'aquestes declaracions, el 9 de novembre de 1989, va caure el mur de Berlín. I amb aquest, s'acabava d'esfondrar també el sistema polític comunista dels països de l'Est que, un any més tard, desembocaria en la dissolució de la Unió Soviètica.

70

99 RED BALLOONS
Nena

16 d'abril de 1947. Bernard Baruch fa servir per primer cop el concepte *guerra freda.*

El 16 d'abril de 1947, enmig d'un discurs a la Càmera de Representants de Carolina del Sud, el financer americà que en aquella època exercia de conseller presidencial, Bernard Baruch, va fer servir per primer cop de manera formal el concepte *guerra freda* per referir-se a la situació política internacional sorgida de la Segona Guerra Mundial. L'expressió no era seva, sinó de George Orwell, que tot just un mes després que s'acabés el conflicte l'havia encunyat en un article titulat «Tu i la bomba atòmica» publicat al diari britànic *Tribune.*

En aquest text, l'escriptor i periodista apuntava que l'aparició de les bombes atòmiques comportaria l'aparició de dues o tres grans potències que, d'una banda, podrien matar milions de persones, i de l'altra, actuarien com a element de compromís de no atacar-se entre elles. Al llarg de més de quatre dècades, la sensació de pànic nuclear es va apoderar de la població mundial, que vivia sota l'amenaça constant de les escalades de tensió entre els Estats Units i l'URSS, els països que lideraven els dos blocs en què va quedar dividit el món.

El 1983 la banda alemanya Nena va recollir aquest sentiment a la cançó «99 Red Balloons». Inicialment, la va enregistrar en alemany sota el títol «99 Luftballons». Però va ser amb la versió que poc després van enregistrar en anglès que van aconseguir convertir el tema en un *hit* internacional. El grup s'havia creat el 1982 al Berlín Occidental com un duet format per la vocalista Gabriele Kerner i el seu xicot, el bateria Rolf Brendel. Però ben aviat se'ls van afegir altres músics i van agafar com a nom Nena, que era com tothom coneixia la Gabriele.

Aquella primavera els Rolling Stones estaven de gira presentant l'àlbum *Tattoo You*, i el 8 de juny el *tour* va recalar al Waldbühe de Berlín, un gran amfiteatre inspirat en una antiga arena grega, i que és un dels escenaris a l'aire lliure més impressionants d'Europa. Entre els assistents a aquell concert hi havia el guitarrista de Nena, Carlo Karges. En un moment de l'actuació, els Stones van deixar anar un centenar de globus gegants que per un moment van tenyir de colors el cel berlinès. La imatge d'aquelles enormes figures esfèriques movent-se arrossegades pel vent va captar l'atenció de Karges. Li van fer pensar en plats voladors i, a mesura que es van anar desplaçant cap a l'est, va començar a imaginar què passaria si aquells objectes acabessin arribant a l'altra banda del mur i desencadenessin el pànic entre la població.

Atrapat en aquesta idea, el músic va començar a treballar en la lletra d'una cançó sobre un grapat de globus de colors volant pel cel i que, al ser confosos per naus extraterrestres, provoquen que les superpotències responguin amb un atac nuclear que acaba amb la destrucció total del planeta. La va titular «99 Luftballons» i amb la música de ritme alegre i accelerat que hi va posar el teclista de la banda, va convertir-se en un tema que pretenia copsar la sensació de paranoia per la por d'un atac nuclear que imperava al món en aquells anys de la Guerra Freda.

71

NON, JE NE REGRETTE RIEN
Édith Piaf

9 de març de 1831. Es funda la Legió estrangera francesa.

Filla d'artistes de carrer que malvivien alcoholitzats, Édith Giovana Gassion (coneguda com Édith Piaf) va tenir una infantesa molt trista. Es va criar al carrer, intentant-se guanyar la vida cantant a les cantonades del París dels anys vint. Amb 16 anys es va quedar embarassada. Però la seva filla va morir als dos anys, una tragèdia que va marcar la vida de l'artista, que des de llavors sempre va vestir de negre.

El seu destí va fer un tomb quan el propietari de Le Gerny's, un dels cabarets més coneguts de la ciutat, la va sentir cantar i, sense pensar-s'ho gaire, la va contractar. Amb el salt a l'escenari de moda, l'èxit de Môme Piaf (petit pardal), que és com llavors se la coneixia pel seu aspecte fràgil, no va trigar a arribar. Entrada la dècada dels trenta, ja com a Édith Piaf, era una de les artistes més reconegudes de l'època. Però quan l'abril de 1936 el seu descobridor va aparèixer mort d'un tret, la seva vida va patir un nou sotrac. La van considerar sospitosa de l'assassinat i, tant la premsa com la societat francesa, li van girar l'esquena. Derrotada i sense rumb, Piaf va tornar als barris baixos de París, on va acabar cantant en locals de mala mort i abusant de les drogues i l'alcohol.

Després de la Segona Guerra Mundial i amb l'ajuda del seu lletrista i amant Raymond Asso, va aconseguir redreçar la seva carrera. Es va convertir en la musa de poetes i intel·lectuals, va guanyar-se l'admiració i el reconeixement del públic i, a poc a poc, va tornar als teatres de tot el món. En l'àmbit artístic, van ser els seus millors anys, però en la seva vida privada continuava sense aixecar cap. Atrapada en una teranyina de vicis, addiccions i desenganys amorosos, la salut física i mental de Piaf cada cop estava més malmesa. I quan el 1949 el boxejador Marcel Cerdan, que llavors era el seu company sentimental, va morir en una catàstrofe aèria, es va acabar d'enfonsar. Va continuar actuant i cultivant èxits musicals, però la depressió profunda que arrossegava i un accident de cotxe, del qual en va sortir bastant malparada, no van fer més que agreujar el deteriorament de la seva salut i la seva dependència de la morfina.

Als 44 anys, esgotada mentalment i físicament, Piaf va decidir retirar-se dels escenaris. Va ser llavors, però, quan el compositor Charles Dumont i el lletrista Michel Vaucaire van anar-la a veure per proposar-li algunes cançons. Ella els va respondre que només n'escoltaria una. I l'escollida va ser «Non, Je Ne Regrette Rien». L'artista s'hi va identificar a la primera. «Aquesta cançó soc jo!», expliquen que va ser el seu comentari immediat. I automàticament, va agafar-se a aquella cançó com si fos l'únic bot salvavides que li quedava. En poques setmanes

Édith Piaf reapareixia al teatre Olympia de París en un dels concerts més recordats de tota la seva carrera. Amb un aspecte delicat, poc cabell i la mirada perduda, va sortir a cantar i reafirmar amb les poques forces que li quedaven que no, que no es penedia de res. El públic va quedar tan impressionat amb la seva interpretació, que Piaf va haver de sortir a saludar fins a vint-i-dues vegades.

Després d'aquella actuació, «Non, Je Ne Regrette Rien» es va convertir en el tema que per sempre més va acompanyar la figura d'Édith Piaf i, per extensió, tots aquells que lluitaven com fos per sobreviure a l'abandonament de la sort. És per això, potser, que l'artista va voler dedicar la seva interpretació de l'Olympia a la Legió estrangera francesa, que en aquell moment es trobava combatent a la guerra d'Algèria. El trasllat del general De Gaulle del front a la presidència de la República havia deixat aquest cos d'infanteria abandonat al camp de batalla, cosa que va permetre la secessió d'Algèria. Els soldats van interpretar aquest fet com una traïció de la seva idea de la gran pàtria francesa.

L'abril de 1961, els oficials i caps legionaris del primer regiment estranger paracaigudista van ser capturats, i la resta de la unitat obligada a dissoldre's. En el moment de la desactivació del grup, els legionaris van sortir dels seus barracons amb pas lent i cantant desafiants el tema que Édith Piaf els havia dedicat per deixar clar que, com ella, ells tampoc es penedien de res. Des d'aquell episodi, el tema es va incorporar al cançoner dels legionaris estrangers francesos, convertit en tot un himne a la personalitat, l'inconformisme i la determinació.

72

OHIO

Crosby, Stills, Nash i Young

4 de maig de 1970. Es produeix una massacre a la Universitat Estatal de Kent.

El novembre de 1969, en plena guerra del Vietnam, les terribles imatges de la matança de My Lai perpetrada per una unitat militar dels Estats Units van fer la volta al món generant una gran indignació i fent créixer l'oposició al conflicte. El rebuig dels ciutadans americans no va fer més que augmentar quan al cap de pocs mesos el president Richard Nixon va comunicar el primer sorteig per al reclutament de civils. Molts ciutadans, però sobretot estudiants i professors, van començar a mobilitzar-se per mostrar el seu total desacord amb la participació en aquella guerra llunyana. Als campus universitaris de tot el país van esclatar protestes en un moviment que es va batejar com a «nation-wide student strike» (una vaga d'estudiants per tota la nació) i que va tenir el seu punt àlgid quan a finals d'abril Nixon va iniciar la invasió de Cambodja.

L'endemà de l'anunci de l'ofensiva, un grup format per mig miler d'estudiants de la Universitat Estatal de Kent es va concentrar al campus per manifestar-s'hi en contra. Arribada la mitjanit, les manifestacions pacífiques van donar pas a un seguit de disturbis que es van estendre pel centre de la ciutat. Durant tot un cap de setmana es van produir enfrontaments entre els joves i els efectius policials, que van comptar amb el reforç d'un miler d'agents de la Guàrdia Nacional d'Ohio. Al tercer dia d'altercats, es va decretar l'estat d'emergència i el toc de queda a tota la població. Però aquesta situació excepcional no va evitar que el dilluns 4 de maig, tal com estava previst, una nova manifestació reunís 2.000 estudiants al campus per protestar per la participació nord-americana en el conflicte del Sud-est asiàtic. La Guàrdia Nacional s'hi va acostar en formació per intentar dissoldre'ls, però els joves els van respondre a cops de pedra. En un segon intent, van usar gasos lacrimògens, però la ventada els els va enviar de tornada. Així que ho van provar una tercera vegada, aquest cop amb un desplegament de setanta-set efectius que van avançar cap als manifestants disparant amb les seves armes de foc contra els estudiants. Quatre d'ells van caure morts i vuit van resultar ferits.

Els fets ocorreguts a Kent aquell dia van sacsejar l'opinió pública de tot el país. I cinc dies després dels incidents, prop de 100.000 persones van concentrar-se a Washington per protestar per l'assassinat dels estudiants i reiterar la seva oposició a la política bèl·lica del Govern de Nixon. Aquest va ser un punt d'inflexió importantíssim en la història del conflicte, i ha quedat recollit en diferents obres literàries, cinematogràfiques i musicals. «Ohio» n'és una.

La va escriure Neil Young després de veure les fotos de la massacre a la revista *Life* i en només deu dies entrava a enregistrar-la a l'estudi amb David Crosby, Stephen Stills i Graham Nash. Young feia pocs mesos que s'havia incorporat a la banda, amb qui acabava de llançar l'àlbum *Déjà Vu*. Però «Ohio» va agradar tant a la discogràfica, que va decidir presentar-la aquell mateix mes de juny. El sentiment que els músics van posar en aquell homenatge a les víctimes de Kent va quedar enregistrat no només en la seva interpretació sinó també en un moment del tema en què es pot sentir David Crosby cridant al final de la cançó «Four, why? Why did they die? How many more?» (Quatre, per què? Per què van morir? Quants més?).

La lletra de la cançó expressa la indignació per la mort dels joves i en responsabilitza directament Richard Nixon. Aquesta acusació amb menció directa al president americà va fer que algunes emissores de ràdio prohibissin la cançó. Però ni aquesta censura va poder evitar que «Ohio» es convertís en un tema de gran èxit, ni que amb ell se situés Crosby, Stills, Nash i Young com tot un símbol de la contracultura americana dels anys setanta.

73

ONE
U2

1 de desembre de 1955. Rosa Parks es nega a cedir el seient a un home blanc en un autobús.

Poques vegades un acte tan insignificant ha tingut unes conseqüències tan històriques com el que va protagonitzar Rosa Parks el primer de desembre de 1955. Tenia 42 anys, i com cada dia aquesta modista negra tornava a casa en un autobús urbà de Montgomery (Alabama). Ho feia asseguda en un dels bancs designats expressament com a «de color» i que evidenciaven la segregació racial instaurada i totalment normalitzada que es vivia llavors als Estats Units. En un moment del trajecte, però, la secció reservada «només per a blancs» es va omplir i el conductor va moure el cartell que senyalitzava la delimitació de seients per tal de crear noves places per als passatgers blancs. Aquest canvi de distribució afectava la fila on era Parks i tres persones afroamericanes més, així que el conductor va demanar-los que s'aixequessin per cedir les seves places i que continuessin el viatge drets, aplicant les lleis que regien el transport públic de l'època i que especificaven com calia viatjar: «els negres van darrere; els blancs, davant, sense barrejar-se. Si falta lloc per als blancs, els negres s'aixequen». Els altres tres passatgers van obeir però ella va negar-s'hi. I aquell gest va costar-li una multa de 14 dòlars que també va rebutjar pagar, cosa que va fer que acabés passant una nit a la presó.

L'incident va provocar la protesta d'alguns membres de la comunitat negra de la ciutat, però les autoritats no hi van donar més importància, pensant que només era una reacció puntual que no tindria més conseqüències. Però la intensitat de les manifestacions de ràbia i denúncia de la injustícia van anar estenent-se i dos mesos més tard ja havien causat la detenció de més d'un centenar de persones. El llavors poc conegut pastor baptista Martin Luther King va liderar part de les protestes i va mobilitzar els afroamericans de Montgomery (que representaven el 40% del cens d'aquesta població) a boicotejar els autobusos de la ciutat. Després de 382 dies de vehicles circulant pràcticament buits, l'empresa que gestionava el servei va entrar en fallida i l'autoritat del transport públic es va veure obligada a suprimir la segregació racial en aquest àmbit.

El petit acte de desobediència de Rosa Parks aconseguia així el primer dels triomfs que el moviment pels drets civils assoliria la dècada següent, i que finalment va acabar amb l'erradicació del racisme a les institucions americanes. «Estava farta de rendir-me», escriuria Parks en la seva autobiografia després de tota una vida dedicada a la lluita pels drets dels afroamericans, tant des de l'activisme social com des de l'oficina del representant afroamericà del Partit Demòcrata, John Conyers, on va treballar des del 1965 fins al 1988. Els darrers anys els va passar retirada al seu apartament de Detroit (Michigan), on va morir el 24 d'octubre de 2005 a l'edat de 92 anys a causa d'una demència progressiva.

La notícia de la mort de Rosa Parks es va produir tot just quan la banda irlandesa U2 acabava d'aterrar a la ciutat per oferir dos concerts en el marc de la gira americana de *Vertigo Tour.* Venien de tocar a Pittsburgh i tenien venudes totes les localitats dels dos concerts programats al pavelló esportiu The Palace of Auburn Hills els dies 24 i 25. Sensibilitzats per aquella pèrdua, en aquestes actuacions la banda va voler tenir un record per a ella i tot el que havia suposat la seva figura en la lluita per la igualtat. I ho va fer amb una de les seves cançons més emblemàtiques: «One». Bono va introduir el tema dedicant-lo a qui considerava «la mare del moviment americà pels drets civils» recordant que «gràcies a la seva tranquil·la dignitat i a la seva força, els Estats Units es va convertir en un país millor i canviat» i acabant amb un solemne «Que Déu et beneeixi en el teu descans».

Editada per primer cop a *Achtung Baby*, el setè àlbum de la banda, «One» és una cançó sobre la unitat no només de la humanitat sinó de la banda mateixa que, a finals dels noranta, just abans d'enregistrar aquest disc, va passar per un dels moments més complicats de la seva història. Les males crítiques rebudes per *Rattle and Hum* havien generat diferències de criteri sobre l'estil que havia de seguir U2 a partir d'aquell moment. Larry Mullen i Adam Clayton volien recuperar el so dels àlbums anteriors, mentre que Bono i The Edge apostaven per una via més experimental. Aquesta manca d'entesa es va allargar durant setmanes fins al punt de generar-los la sensació que perillava la continuïtat del projecte comú. Però aquesta situació es va desencallar gràcies a «One».

Els quatre membres de la banda s'havien reunit per improvisar sobre uns acords que The Edge estava provant. El guitarrista va començar a fer-los sonar i immediatament el baix i la bateria s'hi van afegir mentre Bono va començar a escriure en un paper. Tal com va relatar més tard a la biografia del grup, les paraules li van caure del cel com un regal i en poc menys de vint minuts ja tenien la cançó feta. El missatge d'aquells versos recordava la necessitat que tenim els humans, independentment de les diferències que ens separen, de comptar amb l'ajuda dels altres per tal de poder continuar endavant. Frases com «We're one, but we're not the same» (Som un, però no som el mateix) descriuen a la perfecció el sentiment que en aquell moment abordava els membres d'U2 i com entendre-ho els va ajudar a superar aquell moment de feblesa col·lectiva. Però la lírica emotiva que traspua tot el tema al voltant del concepte global d'unitat ha convertit «One» en tot un himne a la germanor al món, fent que hagi estat utilitzada en diferents esdeveniments i campanyes solidàries, així com a favor de l'entesa entre els pobles i els drets humans. Un missatge més que oportú per homenatjar, el dia de la seva mort i a la seva ciutat, qui va ser tot un símbol d'aquesta creença universal.

74

PEOPLE GET READY
Curtis Mayfield

10 de març de 1913. Mor Harriet Tubman, lluitadora per les llibertats dels afroamericans.

A principis del segle XIX un grup d'antiesclavistes americans va crear una organització clandestina que ajudava esclaus a fugir de les plantacions del sud. Comptava amb itineraris i cases secretes que servien com a vies de seguretat per moure i amagar els fugitius durant la seva escapada. Per comunicar-se en clau, els membres d'aquesta xarxa van adoptar termes i expressions ferroviàries que utilitzaven de forma metafòrica a l'hora de descriure els seus plans. Els «maquinistes» eren els encarregats de guiar els esclaus en el seu «trajecte», és a dir, en la seva fuga. Els «viatgers», els captius. Les «vies», les rutes que utilitzaven. Les «estacions», les llars on els allotjaven. La «destinació» els estats del nord o el Canadà. I el «bitllet», la llibertat somiada. D'aquí que aquesta organització es conegués com a Underground Railroad.

Durant els més de trenta anys que va funcionar, el Ferrocarril Subterrani va aconseguir alliberar més de

100.000 persones que, gràcies a l'arriscada col·laboració de simpatitzants del moviment abolicionista, van poder començar una nova vida. Una d'elles va ser Harriet Tubman. Coneguda popularment com *la Moisès dels esclaus*, havia nascut en una plantació a Maryland el 1820, i gràcies a aquesta entitat secreta va aconseguir la llibertat. Ja com a dona lliure, Tubman es va incorporar a l'organització i va viatjar una dotzena de vegades més als estats del sud, des d'on va ajudar a escapar centenars de persones. La seva figura va ser tan rellevant que els esclavistes van arribar a oferir una recompensa per capturar-la viva o morta. Aquesta amenaça, però, no va aturar la seva determinació i Tubman es va dedicar a lluitar per la llibertat dels afroamericans fins a la seva mort el 1913. I en honor a la seva memòria, cada 10 de març als Estats Units se celebra el Harriet Tubman Day.

Mig segle després, el cantant i compositor Curtis Mayfield recuperaria el codi clandestí d'aquell Ferrocarril Subterrani que va fer lliure Tubman, i tantes altres víctimes de l'esclavitud, per posar lletra a «People Get Ready», un dels temes més exitosos dels que va gravar amb The Impressions. Altament compromès amb la lluita pels drets civils americans, Mayfield va agafar les metàfores ferroviàries d'aquella xarxa alliberadora d'esclaus i, acompanyant-les d'algunes referències bíbliques, va escriure la cançó que encara avui es considera un himne universal de la igualtat i la llibertat.

La revista *Rolling Stone* va col·locar «People Get Ready» en el lloc 24 dels 25 millors temes de tots els temps i en el 20 del seu rànquing de Guitar Tracks. I és que més enllà d'haver escrit una lletra universal, Mayfield va crear una balada amb una melodia que ha traspassat temps i fronteres i de la qual se n'han fet moltes adaptacions. D'entre totes elles, la més destacada és la versió que va fer Rod Stewart amb el guitarrista Jeff Beck el 1983, i que va suposar la tornada de la cançó a les llistes d'èxits dues dècades després de la seva publicació.

Però a banda d'aquesta cançó, el llegat de Curtis Mayfield és extraordinari. Com a veu principal de The Impressions va fer algunes de les gravacions més importants del soul vocal dels seixanta i, quan a principis dels setanta va emprendre la seva carrera en solitari, va créixer encara més com a músic, desenvolupant diferents subestils dins el soul. Malauradament, la seva trajectòria va quedar truncada el 1990 quan, enmig d'una actuació, li va caure a sobre una torre de llums que el va deixar tetraplègic.

75

PIANO MAN
Billy Joel

19 de novembre de 1985. Se celebra la cimera de Ginebra que va marcar el final de la Guerra Freda.

El març de 1985, Mikhaïl Gorbatxov substituïa Konstantin Txernenko com a secretari general del Partit Comunista de la Unió Soviètica (PCUS). Fill d'una família de pagesos de la zona del Caucas, des de ben petit va mostrar un gran interès per la política. Amb 21 anys va afiliar-se al partit i ràpidament va ascendir posicions dins l'organització, desenvolupant una prolífica carrera que culminaria amb el seu nomenament com a president de l'URSS, sent el darrer mandatari que ocuparia aquest càrrec.

L'arribada de Gorbatxov al capdavant del Kremlin va marcar l'inici del final de la Guerra Freda. Aquest procés de desgel de les relacions entre el bloc soviètic i l'americà té el seu punt de partida en la cimera de Ginebra. En aquesta trobada celebrada el novembre de 1985, Ronald Reagan i Mikhaïl Gorbatxov, tot i no arribar a cap acord formal polític ni militar, sí que van aconseguir acostar algunes posicions i, fruit d'aquelles converses, els dos dirigents es van comprometre a afavorir l'intercanvi cultural entre ambdues nacions. Al cap d'un any i mig, en el marc d'aquest compromís i en una acció sense precedents, el Govern de Gorbatxov va convidar Billy Joel a actuar a l'URSS.

El músic va acceptar i va fer una petita gira de sis concerts, el darrer dels quals es va celebrar el 2 d'agost de 1987 al Complex d'Esports Lenin de la ciutat de Leningrad (actualment, Sant Petersburg). Va comptar amb 20.000 assistents, però va poder ser seguit per milions de persones gràcies a la retransmissió en diferit que se'n va fer a través de la televisió estatal. Així *Piano Man*, sobrenom amb què ja llavors es coneixia a Billy Joel per la cançó que va compondre amb aquest títol, es convertia en el primer artista nord-americà que actuava a la Unió Soviètica.

Qualsevol que es fixi en la lletra de «Piano Man» pot entendre fàcilment que aquest hagi estat l'identificador que des de fa dècades acompanya el músic novaiorquès. El tema és un relat fictici inspirat en els dies en què Billy Joel tocava a l'Executive Room, un local de Los Angeles on amenitzava els vespres per tal de pagar els deutes que arrossegava arran del fracàs del seu primer disc. Al llarg de la cançó, l'intèrpret fa un recull descriptiu d'alguns dels clients habituals del local des de la perspectiva del jove pianista que els observa des de l'escenari, és a dir, ell mateix.

Billy Joel va presentar «Piano Man» el 1973 en el disc que va titular amb aquest mateix nom. En aquell moment però, el single va passar molt desapercebut i va quedar fora de les llistes d'èxits i de les seleccions musicals de les emissores de ràdio. Malgrat això, quan al cap de quatre anys va editar *The Stranger*, l'àlbum que li va donar la fama definitiva, el públic va redescobrir «Piano Man» i el tema va acabar esdevenint el gran èxit que avui és encara. Al llarg de la carrera de Billy Joel, ha estat la cançó més aclamada dels seus directes i la que ha fet servir per tancar els concerts, convidant el públic a acompanyar-lo en la tornada.

76

PRIDE (IN THE NAME OF LOVE)
U2

4 d'abril de 1968. Martin Luther King és assassinat a Memphis.

«Només vull fer la voluntat de Déu. I Ell m'ha permès arribar al cim de la muntanya. I he mirat des d'allà. I he vist la terra promesa. Però pot ser que no hi arribi amb vosaltres. Però vull que aquesta nit sàpiguen que nosaltres, com a poble, arribarem a la terra promesa. Soc feliç aquesta nit. Res em preocupa. No li tinc por a cap home. Els meus ulls han vist la glòria de la vinguda del Senyor!» Amb aquestes paraules Martin Luther King es va dirigir a la multitud congregada a Memphis el 3 d'abril de 1968 en el que seria el seu darrer discurs. Com si es tractés d'una premonició, l'endemà moria assassinat, abatut d'un tret al cap per un franctirador mentre saludava alguns dels seus seguidors des del balcó de l'habitació 306 del motel Lorraine.

Martin Luther King s'havia desplaçat fins a Memphis per donar suport als treballadors afroamericans del sector públic, que portaven dues setmanes en vaga reclamant una regularització salarial i un tracte professional equiparable al dels seus companys de raça blanca. L'avió que l'havia dut fins a aquesta ciutat del sud de Tennessee s'havia endarrerit a causa d'una amenaça de bomba, fet que segurament va condicionar alguns dels missatges que va introduir en les paraules que va adreçar al gran grup de persones que omplia l'església de Mason Temple.

L'assassinat de Martin Luther King es considera un dels grans magnicidis del segle XX. I la seva figura, clau en la història de la lluita pels drets civils, és recordada com la d'un dels líders defensors de la no-violència més importants del món. En homenatge a tot el que va representar, el 1984, U2 va decidir obrir el seu disc *The Unforgettable Fire* amb el single «Pride (In the Name of Love)», un tema dedicat al missatge d'orgull que el reverend King va voler transmetre sempre als ciutadans afroamericans i amb el qual els esperonava a reivindicar la igualtat que els era negada.

Bono va decidir escriure aquesta cançó després d'una visita que va fer amb la resta de membres de la banda a una exposició dedicada a Martin Luther King al Museu de la Pau de Chicago. L'any anterior, durant la gravació de l'àlbum *War*, el líder dels U2 havia estat llegint el llibre *Let the Trumpet Sound: The Life of Martin Luther King, Jr.* de Stephen B. Oates i, a partir d'aquesta biografia, havia traçat alguns paral·lelismes entre el moviment pels drets civils als Estats Units i el conflicte nord-irlandès. Tal com va explicar el mateix Bono, per a ell la gran distància que hi havia en la forma com s'havia gestionat cadascuna d'aquestes causes s'establia pel fet que a Irlanda no hi havia cap líder amb una visió com la de Martin Luther King que ajudés a defensar els catòlics des d'una posició que no contemplés la violència. Bono va recollir tot aquest pensament a «Pride (In the Name of Love)», en què el pacifisme agressiu d'aquest líder va tenir un gran impacte en la lletra de la cançó.

77

PROUD MARY
Creedence Clearwater Revival

16 de setembre de 1927. Neix l'actor Jack Kelly, protagonista de la sèrie *Maverick*.

Fill d'una popular actriu teatral i germà d'una de les principals estrelles cinematogràfiques dels anys trenta, Jack Kelly va seguir la tradició familiar arrelada a la interpretació, però en la petita pantalla. A mitjans dels anys cinquanta, la meitat de les llars americanes tenia un aparell de televisió i la producció de sèries es convertia en una nova opció molt atractiva per als actors. Kelly va provar-hi sort i ben aviat va aconseguir entrar en la plantilla d'artistes de la Warner, els estudis amb els quals va treballar pràcticament durant tota la seva carrera. Va començar fent papers secundaris en diferents produccions força exitoses, però el seu gran moment va arribar el 1957, quan li van oferir posar-se en la pell d'un dels protagonistes de *Maverick*.

En plena època daurada dels westerns, la cadena ABC apostava per una sèrie que portava a la televisió l'èxit dels guions ambientats en el vell oest americà que triomfaven al cinema. Relatava la història de tres germans, Brett, Brent i Bart Maverick (aquest darrer interpretat per Jack Kelly), que es guanyaven la vida jugant al pòquer i es veien involucrats en diferents vicissituds. Al llarg dels cinc anys que es van emetre, els episodis de *Maverick* aplegaven milions d'americans al voltant de la tele per seguir les aventures d'aquells personatges. I va ser precisament veient una reposició d'aquells capítols el 1968 que el baixista de la Creedence Clearwater Revival va trobar l'element que els faltava per acabar de tancar els versos del que seria el primer gran èxit de la banda californiana.

John Fogerty estava escrivint la lletra d'un tema que ja havia decidit que volia titular «Proud Mary» i que explicava la història d'una dona que treballava com a assistent domèstica. Se l'imaginava anant cada dia a la feina per tirar endavant la seva vida i sentint-se orgullosa de tots els esforços que feia per intentar sortir de la seva miserable realitat. Però mentre anotava els primers versos, Stu Cook va aparèixer amb una variant com a proposta. Acabava de veure un episodi de *Maverick* en què apareixia una d'aquelles barcasses mogudes per grans rodes de pales que baixaven pel riu Mississipí i va pensar que aquella imatge podia ser una bona metàfora del que tenia Fogerty en ment. Al cantant li va agradar la idea i, amb aquest nou enfocament fluvial, va enllestir la lletra de «Proud Mary», convertint aquella abnegada dona de la neteja en una imponent barca rodant pel riu fent girar la seva gran roda.

Amb la part lírica acabada, Fogerty encarava la feina de posar música a aquella estructura. Abans, però, va decidir obrir el sobre que feia un parell de dies que havia rebut amb segell del Govern dels Estats Units al remitent. Feia un any que el cantant havia estat reclutat per l'exèrcit per formar part d'una unitat de reserva que no s'havia arribat a mobilitzar, i aquesta situació feia mesos que el tenia en tensió. Quan va llegir la carta i va veure que el que li havien enviat era la confirmació de la seva baixa, el va envair una felicitat i un alliberament tan extrems que no va saber canalitzar els seus sentiments de cap altra manera que fent el que millor sabia fer: música. Forgerty recorda que va agafar la guitarra i la va començar a rascar deixant-se portar pels versos d'aquell «Proud Mary» que encara estava orfe de melodia. No li va costar gens trobar els acords precisos i quan va arribar al «Rolling, rolling, rolling on the river» de la tornada, confessa que va saber que havia escrit la millor cançó de la seva vida.

«Proud Mary» es va llançar al cap d'uns mesos com a single de *Bayou Country*, el segon àlbum de la Creedence Clearwater Revival, i ràpidament es va confirmar com l'èxit que havia predit Fogerty. Va encapçalar llistes musicals d'arreu del món i ben aviat es va convertir en un dels grans clàssics del rock. I mentre la cançó col·locava la banda entre les estrelles musicals del moment, l'actor que va donar vida a un dels protagonistes de la sèrie i que va inspirar el tema finalitzava la seva carrera artística. En aquells primers anys dels setanta, Jack Kelly va canviar els sets de rodatge per la política local i es va convertir en l'alcalde de la ciutat californiana de Huntington Beach. El seu eslògan de campanya: «Deixi que Maverick resolgui els seus problemes».

78

PURE IMAGINATION
Jamie Cullum

13 de setembre de 1916. Neix l'escriptor Rohald Dahl.

Roald Dahl és un dels escriptors clau de la literatura infantil i juvenil del segle XX. Fill de pare noruec i mare britànica, va néixer a Cardiff, on va créixer sota la pressió d'una estricta educació anglesa, un fet que des de ben petit va allunyar el seu interès dels estudis. Malgrat el seu pobre currículum acadèmic, sempre va tenir facilitat per escriure, així que quan va tornar de la Segona Guerra Mundial amb greus ferides dels diferents accidents que va patir mentre servia a les forces aèries, va començar a col·laborar en diferents diaris relatant la seva visió de la guerra.

Amb el temps va anar intensificant la seva dedicació a l'escriptura fins a convertir-la en la seva professió. I, a poc a poc, es va endinsar en el món dels relats per a nens i nenes. Dahl tenia quatre fills als qui solia explicar històries que després va començar a convertir en contes. Ben aviat va aconseguir un gran èxit amb aquest relats i molts d'ells van fer-se encara més populars al ser adaptats al cinema. Un dels casos més reeixits és el de *Charlie i la fàbrica de xocolata.*

Editat el 1954, el conte relata la història d'un grup de nens que guanyen una visita a una fàbrica de llaminadures dirigida per un personatge misteriós i extravagant. Gairebé dues dècades després de la seva publicació, Mel Stuart va agafar el repte de dur aquella història a la gran pantalla amb una adaptació protagonitzada per Gene Wilder, i que va titular *Willy Wonka i la fàbrica de xocolata.* La pel·lícula va tenir molt d'èxit tant entre el públic infantil com adult, que sortia del cinema fascinat amb el desplegament de màgia i fantasia de la cinta. Un dels temes més recordats d'aquella banda sonora és «Pure Imagination», la cançó que canta Wilder en el paper de Willy Wonka quan dona la benvinguda als nois a l'arribar a la fàbrica.

Tot i que Tim Burton en va fer també la seva adaptació el 2005, són molts els infants que han crescut amb l'adaptació cinematogràfica de *Charlie i la fàbrica de xocolata* de 1971. Un d'ells és Jamie Cullum, qui té una relació molt especial amb aquest conte de Roald Dahl per un doble motiu. D'una banda, perquè és un dels músics que ha versionat «Pure Imagination»; i de l'altra, perquè està casat amb la model Sophie Dahl, neta de l'autor de la història.

Aquesta connexió no va passar desapercebuda quan el 2013 Cullum va incloure la cançó al seu cinquè àlbum *Momentum.* En preguntar-li sobre aquest tema, el músic va explicar en una entrevista que la decisió de versionar «Pure Imagination» no tenia res a veure amb la seva dona, i que la va gravar perquè sempre ha estat un gran fan de la pel·lícula i d'aquest tema que hi interpreta Wilder. De fet puntualitzava que la considera una de les millors peces musicals que mai s'han escrit sobre la dificultat de capturar les sensacions de la infantesa des de l'edat adulta. I, a més, en aquella etapa de la vida en què estrenava el seu paper de pare, li va semblar el moment idoni per endinsar-se en la cançó i mirar de reinterpretar-la des del seu estil propi.

Però Cullum no és l'únic que s'ha atrevit a versionar el tema que els compositors britànics Leslie Bricusse i Anthony Newley van escriure expressament per a la pel·lícula de Mel Stuart. Artistes d'estils tan diversos com Barbra Streisand, Fiona Apple o Maroon Five han donat també noves vides a aquesta cançó que recull en si mateixa l'esperit de les creacions que van sortir de la imaginació de Roald Dahl.

79

PURPLE RAIN
Prince

3 d'abril de 1970. S'inaugura la sala de concerts First Avenue de Minneapolis.

El 3 d'abril de 1970 obria les seves portes First Avenue, una de les sales de concerts més emblemàtiques de Minneapolis. Està ubicada en un edifici d'art-déco de 1937, que durant anys va acollir una estació d'autobusos. Es va inaugurar com a The Depot, i en el seu primer cartell va comptar amb l'actuació de Mad Dogs and The Englishmen, la banda que acabava de crear Joe Cocker per a la seva primera gira pels Estats Units. L'estiu de 1972, el local va incorporar una discoteca i va passar a dir-se Uncle Sam's. I durant gairebé nou anys va funcionar amb aquesta doble oferta de sala de ball i espai de concerts. Però amb l'arribada dels vuitanta, va començar a expandir la seva programació de música en viu a gèneres més avantguardistes i finalment, el desembre de 1981, va acabar agafant entitat pròpia amb el nom amb què encara funciona avui: First Avenue.

El canvi de nom no va afectar gens la popularitat del local, que en els seus primers deu anys d'existència ja s'havia fet un lloc en l'escena musical de la ciutat. Però el que segurament va ajudar a acabar-lo de coronar com el club referent de Minneapolis, va ser el fet que Prince el triés com a escenari del llançament de «Purple Rain». Va ser el 3 d'agost de 1983. Prince tenia tot just 25 anys, però ja s'havia convertit en el músic més rellevant d'aquesta població, especialment gràcies a l'èxit del seu cinquè àlbum titulat *1999*, i que està considerat per la crítica com la seva primera gran obra mestra.

Prince havia tocat ja anteriorment al First Avenue i solia explicar que era un club que li portava sort a l'hora de provar noves cançons. Així que va decidir que aquest era el lloc idoni per estrenar la seva darrera composició. Havia escrit «Purple Rain» com a tema principal de la pel·lícula del mateix nom i que va suposar el seu debut al cinema, una indústria en què feia temps que volia entrar seguint l'estela de Michael Jackson, que ho havia fet amb *The Wiz* el 1978. A *Purple Rain* Prince interpretava el paper de *The Kid*, un talentós cantant criat en una família disfuncional que canalitza la seva ira a través de la música.

L'actuació al First Avenue havia de servir per gravar imatges que posteriorment s'utilitzarien a la pel·lícula i també per al videoclip de presentació de la cançó. Prince va sortir a l'escenari acompanyat de la seva banda, The Revolution, i la seva inseparable Mad Cat, una guitarra de segona mà que havia comprat per 30 dòlars en una benzinera. La sala era plena a vessar i les 1.500 persones que omplien el local aquell vespre poc s'imaginaven que estaven a punt de sentir per primer cop un dels himnes de la música del segle XX.

80

RADIO GA GA
Queen

7 de gener de 1943. Mor el científic Nikola Tesla.

Nikola Tesla va ser un científic conegut pels seus descobriments en el camp de l'electromagnetisme. Des de finals del segle XIX es disputa el reconeixement de la invenció de la ràdio amb Guglielmo Marconi, que fou qui en va presentar la patent el 1904. Tesla havia inventat, nou anys abans, un sistema per transmetre àudios de veu sense fils, però l'italià va ser més llest i, utilitzant el sistema del seu col·lega, va iniciar les comunicacions sense cable: primer enviant un missatge entre Dover (Anglaterra) i Boulougne (França) i al cap de poc temps fent una transmissió que creuava l'oceà Atlàntic.

Durant la primera dècada del segle XX, aquell invent de doble paternitat va tenir una evolució molt destacada, que va culminar a finals de 1906 amb la primera retransmissió radiofònica de la història. Era la nit de Nadal i des de la Brant Rock Station de Massachusetts es va emetre la cançó «Oh Holy Night» acompanyant uns versos de la Bíblia. Quatre anys més tard, amb l'aparició de les ràdios de galena i els primers aparells receptors domèstics, van començar les transmissions regulars de programes que, amb l'arribada de la freqüència modulada, als anys quaranta, va suposar l'època daurada de la ràdio.

Inspirant-se en aquests anys en què els transistors eren la porta d'entrada de molts ciutadans a tot un món d'entreteniment, Roger Taylor va escriure «Radio Ga Ga». Ho va fer el 1984 després de veure un programa musical a la televisió i prendre consciència que la majoria dels adolescents ja no escoltaven la ràdio. Les emissores reproduïen les mateixes cançons contínuament sense aportar cap valor afegit, mentre que la creativitat dels videoclips i la vistositat de les actuacions que oferien canals com l'MTV els proporcionava una oferta contra la qual l'invent de Tesla i Marconi tenia complicat competir. En un inici, el bateria de Queen va pensar a titular la cançó «Radio Ca-Ca», una expressió que havia sentir dir al seu fill petit, però finalment va quedar com a «Radio Ga Ga». Sembla que la connotació escatològica que la construcció prenia en idiomes com l'espanyol hauria estat el motiu de la decisió.

Queen va llançar el tema com un single del disc *The Works*, i en poc temps va convertir-se en una de les peces clau dels seus directes. L'harmonització que aconseguien entre els cors de la cançó i els dos aplaudiments que després de cadascuna de les frases de la tornada Freddie Mercury convidava a fer al públic assistent, eren els moments més esperats dels concerts del quartet londinenc. Aquesta compenetració va arribar al màxim nivell el juliol de 1985 en l'actuació que Queen va fer al concert *Live Aid* de

Wembley, i que alguns experts consideren com un dels millors espectacles musicals de la història.

Hit indiscutible dels anys vuitanta, la influència de «Radio Ga Ga» ha arribat fins als nostres dies, incidint en públic i músics. És el cas per exemple de la cantant Lady Gaga, de qui es diu que va agafar el nom artístic d'aquesta cançó. Sempre havia estat una gran admiradora de Freddie Mercury, i el seu productor, Rob Fusari, explica que quan la saludava ella responia cantant la tonada de «Radio Ga Ga». Ho feia tan sovint, que va acabar anomenant-la Lady Gaga i, no se sap si per iniciativa de l'un o de l'altre, el 2007 l'artista va deixar de ser Stefani Germanotta per convertir-se en Lady Gaga.

81

RESPECT
Aretha Franklin

18 d'octubre de 1968. Es publica la foto de la salutació Black Power als Jocs Olímpics de Mèxic.

Tot i que van tenir grans moments esportius, els Jocs Olímpics de Mèxic han passat a la història per un acte de gran rellevància politicosocial a escala mundial: la salutació Black Power dels afroamericans Tommie Smith i John Carlos. Aquesta cita olímpica es va celebrar l'octubre de 1968, en ple apogeu d'aquest moviment dels drets civils de la població negra dels Estats Units, i just uns mesos més tard de l'assassinat de Martin Luther King. En aquest context reivindicatiu, hi va haver un intent de boicotejar l'esdeveniment olímpic mirant de convèncer els atletes negres que no hi competissin. Però finalment aquesta proposta no va prosperar i els esportistes van decidir fer sentir la seva veu d'una altra manera. El podi aconseguit pels velocistes afroamericans Tommie Smith i John Carlos en la prova dels 200 metres llisos va propiciar l'ocasió perfecta.

Cobrint la distància en menys 20 segons, Tommie Smith no només va guanyar la cursa sinó que va aconseguir establir un nou rècord mundial. Creuant la meta darrere seu, va entrar l'australià Peter Norman i immediatament després John Carlos, que s'adjudicava així la tercera posició. Acabada la carrera, els tres corredors van pujar al podi per recollir les seves medalles. Tots tres lluïen insígnies del Projecte Olímpic pels Drets Humans, una iniciativa creada amb l'objectiu de lluitar contra el racisme en l'esport. En aquell moment, el detall va passar força desapercebut, però quan va començar a sonar l'himne nacional i van enfocar els dos atletes americans, tothom va poder veure clarament com aquests abaixaven el cap, tancaven els ulls i alçaven el puny enfundat en un guant negre com a símbol d'orgull de la seva raça i reivindicació de la igualtat de drets. A l'inici, havien previst dur posats els guants a totes dues mans però Carlos es va oblidar els seus a la Vil·la Olímpica i va ser Norman qui els va suggerir que es repartissin els dos que tenien.

El gest no va agradar ni al president del Comitè Olímpic Internacional, el també nord-americà Avery Brundage, ni a molts dels espectadors que omplien l'estadi i que van escridassar els dos atletes. De tornada a casa, Smith i Carlos van ser condemnats a l'ostracisme. Van ser vetats a representar els Estats Units en l'esport olímpic, un càstig que també va rebre al seu país Peter Norman per haver-se solidaritzat amb els seus companys de podi. Smith i Carlos van voler retornar-li el detall de forma pòstuma el 2006, quan aquest va morir d'un atac cardíac, oferint-se a ser els portadors del fèretre al seu funeral.

Fora del territori americà, se sabia de l'existència de les desigualtats racials que es produïen als Estats Units. Però la publicació a la premsa de tot el món d'aquella potent imatge batejada com «el podi del Black Power» va suposar la internacionalització del moviment que reivindicava els drets dels afroamericans que eren discriminats i oprimits pel color de la seva pell, alhora que emfasitzava l'orgull racial. Al llarg de la segona meitat dels seixanta i principis dels setanta el Black Power va tenir una presència destacada en la societat i molts dels artistes negres d'aquella època van contribuir a la seva difusió a través de la seva música, amb cançons que van acabar convertint-se en himnes d'aquest moviment. «Respect», d'Aretha Franklin, n'és una de les més icòniques.

Tot i que va ser Franklin qui la va convertir en el gran èxit que coneixem avui dia, va ser Otis Redding qui va escriure la cançó i la va editar el 1965. La va compondre al tornar d'una gira i tenir la sensació que, després d'estar tants dies fora de casa, la seva dona no el tractava amb el respecte que es mereixia. El tema de Redding va tenir un pas discret per les llistes americanes, però la sort de «Respect» va fer un tomb el 1967 quan Aretha Franklin, que llavors només tenia 24 anys, va acceptar versionar-la. La cantant de Memphis va reinterpretar el tema donant-li una nova òptica revolucionària que la convertiria en tota una declaració intransigent i irrompible del respecte que reclamava a la seva tornada. En poques setmanes, la versió de *Lady Soul* va arribar a la primera posició de gairebé totes les llistes musicals, en què va romandre durant més de tres mesos. La potència de la veu de Franklin i la contundència del missatge que cantava ràpidament van connectar amb les reivindicacions de la societat del moment, especialment amb les del moviment del poder negre, que la va incorporar gairebé com un himne.

I quan, tres anys després del seu llançament, Tommie Smith i John Carlos van captar l'atenció de tot el món amb el seu gest des del podi de l'estadi olímpic de Ciutat de Mèxic, la cançó d'Aretha Franklin va convertir-se en la millor banda sonora d'aquella imatge. Els dos atletes reclamaven amb el seu gest respecte a la població negra americana. L'artista de Georgia ho feia posant tot el seu sentiment en els versos del tema: «R-e-s-p-e-c-t Find out what it means to me» (R-e-s-p-e-c-t-e Descobreix què significa per a mi).

82

ROXANNE
The Police

27 de desembre de 1897. S'estrena l'obra de teatre *Cyrano de Bergerac.*

El 27 de desembre de 1897 s'estrenava a París *Cyrano de Bergerac*, un drama heroic en cinc actes escrit en vers per Edmon Rostand sobre la vida del personatge que dona nom a l'obra. El protagonista és un poeta orgullós i sentimental que estima en secret la seva cosina, a qui no gosa declarar-se a causa de la vergonya que li produeix el seu gran nas. La noia el té en gran estima, però està enamorada d'un jove cadet molt atractiu que, en canvi, no té el do de la paraula. Així que, conscient de les seves limitacions expressives, demana a Cyrano que l'ajudi a escriure cartes d'amor. El joc de posar en boca del noi els seus propis sentiments cap a la jove, fa entrar Cyrano en un joc escabrós que alhora l'embriaga i l'angoixa i que acaba tenint un tràgic desenllaç.

El primer cop que aquesta obra va aixecar el teló, Rostand no confiava gaire que es guanyés el favor del públic que aquell vespre de desembre omplia el Théâtre de la Porte-

Saint-Martin. Però la barreja d'ingredients que presentava la peça, de caràcter romàntic, amb tocs de comèdia i aventura va captivar els assistents d'aquella primera funció. Des de llavors, l'obra ha estat un dels clàssics de l'escena teatral europea i, especialment de París. I, precisament, el cartell d'una d'aquestes representacions a finals de la dècada dels setanta va inspirar «Roxanne», la cançó que va llançar a la fama The Police.

Era l'octubre de 1977 i el trio britànic havia viatjat a la capital francesa, on havia de tocar en una petita sala de concerts anomenada The Nashville. En aquella època la banda no era gaire coneguda i els recursos que tenien eren limitats, així que s'allotjaven en una habitació compartida d'un modest hotel situat en una zona on era habitual veure prostitutes a la recerca de clients.

Un vespre, mentre Sting tornava a l'hotel, la visió d'aquelles noies el va fer pensar en com seria enamorar-se d'una d'elles. I a partir d'aquella idea va començar a donar voltes a una cançó en què ell mateix es posava en la pell d'algú que tingués aquell sentiment i demanava a la seva estimada que abandonés aquella forma de guanyar-se la vida. En el trajecte va fixar-se també en un cartell que anunciava l'obra de teatre *Cyrano de Bergerac* i en el qual es destacava el nom dels tres personatges principals: Cyrano, Christian i Roxana. El nom de l'enamorada del protagonista li va cridar l'atenció i quan va arribar a l'habitació, ja havia decidit que així seria com batejaria la prostituta de la seva cançó. A l'inici, el cantant es va imaginar el tema amb una melodia de bossa nova que feia dies que li rondava pel cap. Però Steward Copeland va suggerir-li convertir-la en un tango amb tocs de reggae i, a partir d'aquella combinació d'estils musicals, van transformar la cançó en el «Roxanne» que van portar a l'estudi i que esdevindria el primer gran èxit internacional de The Police.

Sting ha explicat que quan van presentar la cançó se'n sentien una mica avergonyits, ja que no deixava de ser una balada i, enmig de l'escena punk en què es movia la banda, aquest era un tema que no s'adaptava a l'estil que triomfava en aquell entorn. De fet, quan la van llançar la primavera de 1978, el tema no va tenir gaire impacte i tampoc va ajudar que se'n fes massa difusió el fet que la BBC la censurés per la temàtica que tractava. Però quan uns mesos més tard la banda va anar a tocar als Estats Units, el tema va començar a agafar força i «Roxanne» va guanyar-se el reconeixement de la crítica i el públic. L'àlbum *Outlandos d'Amour*, en què estava inclosa, es va vendre molt bé a l'altra banda de l'Atlàntic. I aquesta bona rebuda entre el públic americà va situar el grup britànic en el panorama musical, marcant l'inici del reconeixement de The Police com una de les formacions referents dels vuitanta arreu del món.

83

(SITTIN' ON) THE DOCK OF THE BAY
Otis Redding

15 de gener de 1937. Primer vol de l'avió bimotor Beechcraft 18.

Després de la Segona Guerra Mundial diversos avions utilitzats en combat es van reconvertir en aparells d'ús comercial. El Beechcraft 18, fabricat per la Beech Aircraft Corporation de Wichita (Kansas), va ser un d'aquests models. De fet, el Twin Beech (nom amb el qual també se'l coneixia) va ser el bimotor més popular durant la dècada dels cinquanta, i la seva capacitat de fins a onze passatgers va fer que diversos músics el fessin servir com a mitjà de transport per moure's quan anaven de gira.

Precisament, va ser aquest el model que Otis Redding va comprar a mitjans dels anys seixanta per poder desplaçar-se amb la seva banda. El jove músic, que tot just rondava la vintena, es trobava en el moment més àlgid de la seva carrera. Els seus temes arribaven al capdamunt de totes les llistes, i la força dels seus directes, com el del Festival de Monterrey de 1967, l'havien convertit en un dels artistes més reconeguts de l'època. Estant de gira amb els Bar-Keys aquell mateix estiu, Redding va escriure el primer vers de la seva cançó més coneguda.

La va començar al Waldo Pier de Sausalito (Califòrnia) i, en referència a aquest indret, inicialment la va titular «Dock of the Bay». Al llarg de les setmanes següents, va continuar treballant en la lletra i a finals de novembre va entrar a l'estudi amb el productor i guitarrista Steve Crooper per enregistrar-la. Encara no la tenia del tot acabada, així que va decidir xiular la tonada de la darrera estrofa, a l'espera d'enllestir-la.

Però malauradament això no va ser possible, ja que Redding va morir pocs dies més tard, quan el 10 de desembre de 1967 el seu Twin Beech va estavellar-se contra les aigües del llac Monona, a l'estat de Wisconsin. En el tràgic accident van perdre la vida també gairebé tots els membres de la seva banda. Només el trompetista Ben Cauley va aconseguir sobreviure. Otis Redding tenia tot just 26 anys i aquell Beechcraft 18 va truncar una de les carreres més prometedores de la història de la música. Al cap d'un mes la discogràfica de Redding, Stax Records, va llançar «(Sittin' On) The Dock of the Bay». El tema ràpidament va esdevenir un èxit i es va convertir en el primer single pòstum que es col·locava com a número u de les llistes musicals dels Estats Units.

84

SMELLS LIKE TEEN SPIRIT
Nirvana

25 de gener de 1753. Neix William Colgate, fundador de Colgate-Palmolive.

William Colgate va ser un empresari d'origen anglès que a principis del segle XIX va establir-se a Nova York, on va obrir una petita fàbrica de midó, sabons i espelmes. Era un petit negoci familiar que va anar passant de generació en generació i que avui, dos segles més tard, s'ha convertit en una de les principals multinacionals de la producció, distribució i venda de productes d'higiene personal i neteja de la llar: Colgate-Palmolive. Entre les moltes marques que comercialitza actualment, hi ha Teen Spirit, una línia de desodorants que ven als Estats Units i que va servir de font d'inspiració a Kurt Cobain per escriure el que seria el primer gran tema de Nirvana i la icona del moviment grunge: «Smells Like Teen Spirit».

Acabada d'entrar la dècada dels noranta, Cobain estava intentant escriure una cançó de l'estil dels Pixies, una de les bandes que més admirava. El fascinava la dinàmica musical dels temes d'aquesta formació de Boston, i que solia alternar moments suaus i gairebé silenciosos amb d'altres més forts i durs. Tenia la melodia. Li faltava, però, posar-hi lletra.

La inspiració li va venir quan Kathleen Hanna, cantant de la banda de punk Bikini Kill i xicota del bateria de Nirvana, Dave Grohl, va pintar amb esprai a la paret de Cobain: «Kurt smells like Teen Spirit» (Kurt fa olor d'esperit adolescent). Com que havien estat parlant sobre anarquia, punk, rock i temes similars, ell va interpretar el missatge com un eslògan d'aquesta causa i el va incorporar (eliminant la referència a la seva persona) com a títol de la cançó que estava component: «Smells Like Teen Spirit». El que no sabia llavors el líder de Nirvana és que el que realment li havia volgut dir Hanna amb aquella pintada era que feia olor a la marca de desodorant Teen Spirit, que era el que utilitzava Tobi Vail, companya de banda de Hanna i que llavors sortia amb Cobain.

Nirvana va enregistrar el tema el 1991 i el va triar com a primer single de l'àlbum *Nevermind*. El cantant va explicar més tard que desconeixia que Teen Spirit era un producte i el cert és que no li va fer gaire gràcia saber que havia inclòs una referència comercial en el títol d'una de les seves cançons. Colgate-Palmolive, però, no va voler perdre l'ocasió i va crear una campanya publicitària aprofitant la connexió entre la seva marca i el grup de moda entre els joves. A l'anunci de televisió els responsables de màrqueting hàbilment van incloure-hi la frase «Do you smell like teen spirit?» (Fas olor d'esperit adolescent?).

85

SMOKE ON THE WATER
Deep Purple

4 de desembre de 1971. Es crema el Casino de Montreaux.

A principis de desembre de 1971, Frank Zappa i la seva banda, Mothers of Invention, aterraven a Ginebra, on el 4 de desembre estava programat que toquessin al Casino de Montreaux. El músic de Baltimore havia venut pràcticament totes les localitats disponibles per al concert, però el director de l'oficina de turisme de la ciutat va aconseguir cinc entrades a darrera hora per tal que els membres d'un altre grup musical que també es trobava a Montreaux aquell vespre poguessin assistir-hi. Eren els integrants de Deep Purple, que havien arribat a aquesta població suïssa situada a la riba del llac Léman el dia anterior equipats amb la unitat mòbil que havien llogat als Rolling Stones amb la intenció de començar l'enregistrament del seu nou disc precisament en aquell mateix escenari.

L'actuació de Zappa es va desenvolupar sobre el previst, amb la seva habitual exhibició de música i espectacle experimental davant un públic entregat. Però quan ja sonaven els darrers temes del repertori de la banda, un dels assistents es va deixar emportar massa per la psicodèlia del concert i va encendre una bengala. La va llançar al sostre i, tot i que de forma involuntària, va acabar provocant un incendi que ràpidament es va escampar per tot el local. Els músics i el públic van ser desallotjats de l'edifici sense haver de lamentar cap víctima. Però el casino va quedar totalment destruït per les flames que s'enfilaven cap als núvols mentre una espessa fumera s'estenia sobre la superfície del llac. Aquesta va ser la imatge que va quedar gravada a la retina dels músics de Deep Purple quan després de sortir de l'edifici van arribar a l'hotel on s'allotjaven. I aquesta va ser l'espurna a partir de la qual van escriure un tema amb una tornada tan descriptiva d'aquell accident com «*Smoke on the water, a fire in the sky*» (Fum sobre l'aigua, foc al cel).

Expliquen que la idea de convertir en cançó els fets viscuts aquell vespre a Montreaux no va sorgir immediatament, sinó que ho va fer al cap d'uns dies quan el baixista de la banda, Roger Glover, va tenir un somni del qual es va despertar sobresaltat cridant «Smoke on the water!». La ràpida associació d'aquella frase amb la visió de la fumera cobrint les aigües del Léman, va fer que demanés a Ian Gillan, vocalista i autor de les lletres de la majoria de cançons de Deep Purple, que escrivís uns versos sobre aquell episodi. I Gillan, que el mateix dia de l'incendi havia pres algunes notes sobre el que estava succeint en un tovalló de paper, va optar per fer una descripció pràcticament literal del que van viure en aquell concert de Frank Zappa a la ciutat suïssa.

Amb la lletra acabada, la resta de la banda va encetar la tasca de posar-hi música, un repte en què va participar molt activament Ritchie Blackmore. Ell és l'autor del riff de guitarra que encapçala «Smoke on the Water» i que s'ha convertit en un dels més reconeguts de la història del rock. Diuen que a la banda el resultat final de tot plegat no li va entusiasmar gaire. Però tot i així els músics van decidir enregistrar el tema en una de les localitzacions alternatives que van haver de buscar a la zona per tal de substituir el desaparegut casino, i la cançó es va situar com a primer tema de la cara B de l'àlbum *Machine Head* i que va sortir al mercat el març de 1972. Poc es podien imaginar llavors que aquell tema es convertiria en una de les peces icòniques del rock dels setanta i que el riff que la identifica acabaria sent un dels primers que aprèn qualsevol persona que decideix aprendre a tocar la guitarra elèctrica. Aquesta és una pràctica tan habitual que moltes botigues de guitarres tenen un cartell a la zona habilitada per provar els instruments on s'hi pot llegir «Prohibit tocar "Smoke on the Water"».

86

SPACE ODDITY
David Bowie

7 de març de 1999. Mor Stanley Kubrick.

La primavera de 1968 David Bowie era un jove de 21 anys que intentava trobar el seu lloc al món de la música. El seu primer àlbum havia passat més aviat desapercebut i, en la recerca de nous reptes, es dedicava a combinar mim, poesia i cançons amb el grup que havia creat amb la seva xicota, l'actriu i ballarina Hermione Farthingale. S'havien conegut en un rodatge i van viure uns mesos intensos tant en l'aspecte personal com artístic. Però la relació entre tots dos es va anar refredant i abans que arribés l'estiu ja s'havien separat.

Aquesta ruptura va activar la producció creativa de Bowie, que en aquell període va escriure diverses cançons inspirades en qui diuen que va ser el seu primer gran amor. Però cap d'elles va recollir millor el buit que va experimentar per l'absència d'Hermione Farthingale com «Space Oddity», el tema que va compondre arran de la pel·lícula *2001. Una odissea de l'espai.* La va veure per primer cop el juliol d'aquell any al Casino Cinerama de

Londres i va quedar tan fascinat per aquell guió i la seva narrativa audiovisual, que en els dies següents va tornar diverses vegades al cinema per submergir-se de nou en aquella història.

El guió era obra d'Arthur C. Clarke. Stanley Kubrick li havia encarregat l'adaptació cinematogràfica del conte *El Sentinella* que aquest novel·lista havia publicat uns anys abans. El va escriure durant el temps que va viure a l'habitació 1008 del Chelsea Hotel i, executat sota les ordres del director nord-americà, ha acabat convertint-se en una de les pel·lícules més aclamades de la història.

La similitud del nom del protagonista (David Bowman) amb el seu, segurament va incidir en la identificació que des del primer moment David Bowie va experimentar amb la sensació de soledat i buidor dels astronautes que flotaven a la deriva per l'espai al film de Kubrick. La connexió va ser immediata i ràpidament va fer fluir les notes i la lletra del que es convertiria en el primer gran èxit de vendes del músic britànic. El fet que la cançó s'editès pocs dies abans del llançament de l'Apollo 11 cap a la Lluna, va ser determinant també a l'hora de catapultar «Space Oddity» a la fama, ja que el tema es va convertir ràpidament en la banda sonora de les imatges d'aquell històric allunatge.

87

STAIRWAY TO HEAVEN
Led Zeppelin

25 de novembre de 1874. Neix el periodista i escriptor Lewis Spence.

«Stairway to Heaven» és sens dubte una de les cançons més emblemàtiques de la història del rock. Mai s'ha arribat a editar com a single, potser per la seva durada de més de vuit minuts o per la complexitat de la seva estructura, i això ha fet que l'àlbum en què es va editar (sense títol per decisió de la banda) sigui un dels més venuts de tots els temps.

Durant més de tres dècades, Robert Plant i Jimmy Page van defensar que van començar a gestar el tema el 1970. Venien d'una gira esgotadora pels Estats Units i van tornar al Regne Unit amb la intenció de recuperar-se i començar a treballar en material nou per al seu següent disc. Buscaven un lloc tranquil on poder retirar-se amb les seves famílies durant unes setmanes i dedicar-se a compondre sense pressió. Així que van traslladar-se a Bron-yr-Aur, una antiga cabana del segle XVIII situada en una zona rural de Gal·les on Plant havia passat els estius d'infantesa. Dels dies de convivència en aquella casa aïllada, sense llum ni aigua corrent, en van sortir la major part dels temes de *Led Zeppelin III*, però també l'embrió de «Stairway to Heaven».

El bon resultat creatiu que els va donar aquell ambient campestre, va fer que poc després de presentar aquest treball discogràfic els membres de la banda decidissin tornar a buscar la inspiració en un entorn semblant. Aquest cop van instal·lar-se a Headley Grange, un antic hospici d'estil victorià situat al camp anglès i que en aquells anys diversos grups havien utilitzat com a espai de composició i estudi de gravació. Allà van escriure pràcticament totes les cançons del seu quart àlbum i, segons el relat de tots dos, van acabar el tema que havien començat a Bron-yr-Aur un any abans. Page va treballar en les diferents seccions musicals i en els solos de guitarra (un dels quals està considerat com un dels millors de la història) i Plant es va concentrar en la lletra.

Els dos músics s'havien endut una bona col·lecció de discs i llibres com a font inspiradora. Però d'entre tots, n'hi va haver un que va tenir una influència rellevant en la composició dels versos de «Stairway to Heaven»: *Magic Arts in Celtic Britain*, una obra publicada el 1945 pel periodista i escriptor Lewis Spence. Conegut per la seva tasca d'investigació al voltant de l'imaginari tradicional escocès, al llarg del segle XX Spence va publicar una àmplia bibliografia sobre mites, folklore i ocultisme. El volum de *Magic Arts in Celtic Britain* era de Page, que ja feia temps que professava gran devoció per Aleister Crowley, considerat el pare espiritual de l'ocultisme al Regne Unit. El llibre de Lewis Spence apareixia com un dels títols recomanats per Crowley a la seva revista *The*

Equinox, així que el guitarrista el va comprar i el va ficar a la maleta que es va emportar a Headley Grange. Quan un cop allà va deixar fullejar el llibre a Plant, aquest va quedar atrapat per les seves històries i tot l'imaginari que hi descrivia fins al punt que molts dels seus passatges van quedar recollits a «Stairway to Heaven».

Però aquest relat suggeridor del sorgiment inicial del tema a la vora del foc d'una cabana rústica es veuria parcialment desmuntat el 2014 quan Plant i Page van variar una mica la història per defensar-se de la denúncia de plagi que els va interposar la banda californiana Spirit. Mark Andes, baixista i membre fundador d'aquest grup, va acusar Led Zeppelin d'haver copiat la melodia inicial de «Stairway to Heaven» d'un tema instrumental seu titulat «Taurus» publicat el 1968. Segons Andes, Robert Plant i Jimmy Page coneixien perfectament la cançó perquè aquell mateix any van actuar com a teloners de Spirit en la seva gira de debut als Estats Units. La disputa pels drets d'autor del tema es va resoldre el 2016 en un judici que va dictar sentència a favor de la banda britànica. Els representants legals de Mark Andes van presentar diverses apel·lacions, però finalment el març de 2020 un tribunal dels Estats Units va donar la raó definitiva Plant i Page. Amb la fi d'aquesta batalla legal, «Stairway to Heaven» quedava lliure de l'ombra de plagi, alhora que deixava restringit el seu espai creatiu entre les pàgines del llibre de Lewis Spence i les parets de Headley Grange.

88

STAND BY ME
Ben E. King

26 de febrer de 1964. Cassius Clay es converteix en Muhammad Ali.

Un dia de finals dels cinquanta, Benjamin Earl Nelson, conegut artísticament com Ben E. King, estava treballant amb els productors musicals Jerry Leiber i Mike Stoller en l'adaptació d'un tema que havia popularitzat The Staples Singers, un quintet format pel cap de família Pops Staples i les seves quatre filles Cleotha, Pervis, Yvonne i Mavis. Es titulava «Stand By Me» i estava inspirat en un clàssic blues espiritual d'esclaus recol·lectors de cotó. Lluny de considerar-la com un possible single, Ben E. King la va versionar com una cançó que potser algun dia podria complementar un dels seus discs. I de fet, així va ser.

King va oblidar-se del tema fins que un dia el seu productor va comentar que li faltava una peça. I ell, sense pensar-s'ho dues vegades, va asseure's al piano i va començar a tocar les notes d'aquella versió que temps enrere havia arranjat amb Leiber i Stoller. La interpretació del tema va impressionar tant que fins i tot va fer que la resta de músics, que ja havien sortit de la sala de gravació, tornessin i l'acompanyessin en la seva improvisació. Una línia de baix continu i la senzilla percussió d'un triangle i un güiro (un instrument de fusta d'origen llatinoamericà) van posar el so que per sempre més quedaria associat a l'«Stand By Me» de Ben E. King. La gravació definitiva va quedar enllestida aquell mateix dia i, llançada com a single el 1961, va arribar al capdamunt de les llistes d'èxit en un temps rècord.

Des de llavors, la cançó ha estat versionada en innombrables ocasions i per diversos artistes. Però segurament la més curiosa és la que es va atrevir a fer el boxejador Cassius Clay el 1964, pocs mesos abans de convertir-se a l'islam i canviar el seu nom pel de Muhammad Ali. Tenia 22 anys i acabava de guanyar el Campionat Mundial dels pesos pesants destronant, contra tot pronòstic, el seu compatriota Sonny Liston.

Des que el 1960 va guanyar la medalla d'or en la categoria de pesos semipesants dels Jocs Olímpics de Roma, Ali va destacar sempre pel seu estil poc convencional, els seus resultats excel·lents i la seva incansable autopromoció. Popularment, se'l coneixia com a *Louisville Lip* (el Llavi de Louisville) per la seva afició a escriure versets satírics sobre els seus contrincants i de lloança cap a si mateix. Aquesta vena lírica va fer que el 1963 Columbia Records li proposés enregistrar un àlbum recitant amb música de fons algunes de les seves composicions. Titulat sense cap mena de modèstia *I am the Greatest* (Soc el més gran), el disc va incloure també una gravació cantada pel mateix Ali de «Stand By Me». El boxejador havia comentat en més d'una ocasió que aquesta era una de les seves cançons preferides i que li feia molta il·lusió fer-ne la seva pròpia versió. La faceta musical de Muhammad Ali va tenir un èxit discret, però dalt del ring va continuar acumulant títols fins al 1981, data en què un diagnòstic de Parkinson prematur va posar fi a la carrera esportiva del boxejador més gran de la història.

89

START ME UP
The Rolling Stones

31 de desembre de 2000. Finalitza el suport estàndard per a Windows 95.

El darrer dia de l'any 2000 Microsoft donava per acabat oficialment el suport estàndard del Windows 95. La seva arribada al mercat cinc anys abans havia marcat un punt d'inflexió en l'evolució dels ordinadors personals gràcies a la seva facilitat d'ús i a l'entorn intuïtiu que presentava. Amb aquest sistema operatiu va aparèixer el menú d'inici i la barra de tasques, dues incorporacions que s'han mantingut en les posteriors evolucions que se n'han fet.

La gran aposta que l'empresa dirigida per Bill Gates va fer pel Windows 95 va anar acompanyada d'una inversió milionària comercial que va aconseguir que aquest producte es convertís en un autèntic èxit de vendes. I com a peça principal d'aquesta colossal campanya, es va llançar un anunci de televisió en què, per donar protagonisme al seu innovador botó d'inici (*Start* en anglès), la marca va fer servir una cançó dels Rolling Stones que li anava com l'anell al dit: «Start Me Up». La indicació directa que dona el títol del tema i que en català es traduiria com 'engega'm' era una oportunitat única que els responsables de màrqueting de Microsoft no van voler desaprofitar. No va transcendir la xifra exacta que la marca va arribar a pagar a la banda britànica per poder fer ús de la cançó, però s'ha apuntat que rondaria entre els 8 i els 14 milions de dòlars.

Els Rolling Stones van enregistrar «Start Me Up» per primer cop el 1976 mentre treballaven en l'àlbum *Black and Blue*. En aquell moment, es titulava *Never Stop* i era un tema amb influències de reggae que no els va acabar de convèncer. Així que van decidir descartar-lo i guardar-lo en un calaix. Posteriorment, van intentar rescatar-lo en diverses ocasions, però per una cosa o per una altra, la cançó sempre acabava fora de les seleccions. Va estar a punt de sortir a la llum el 1978 com a «Start it Up» mentre preparaven el disc *Some Girls*, però a Keith Richards li va semblar que el riff que hi havia incorporat s'assemblava massa a l'inici de «Thunder Island» de Jay Ferguson, així que la van tornar a descartar. Dos anys més tard, quan estaven immersos en la gravació d'*Emotional Rescue*, van tornar a intentar recuperar-la, però cap de les cintes que tenien amb pistes enregistrades de la peça va convèncer els músics.

Després d'aquests tres intents fallits, la cançó va acabar oblidada sense que ningú no se'n recordés més. Fins a la tardor de 1980. La banda es disposava a entrar de nou a l'estudi i el productor Chris Kimsey buscava alguna nova idea per incorporar al que seria el setzè àlbum d'estudi dels Rolling Stones. Així que va proposar a Mick Jagger que fes un repàs de les gravacions que havien descartat en els darrers anys per veure si hi trobaven alguna cosa interessant que els inspirés. Així va ser com van aparèixer dues gravacions de «Star it Up» en què, enterrat entre acords de reggae, destacava un so rocker de la guitarra de Richards que van veure que podia convertir-se en un molt bon punt de partida. Quan el vocalista del grup va portar la mostra a la resta de la banda i la van retreballar plegats, van adonar-se que en aquells tres minuts i mig s'hi concentrava l'essència de la música que havien creat en les darreres dues dècades.

Els Rolling Stones van retitular el tema com a «Start Me Up» i el van incloure, aquest cop sí, a l'àlbum *Tattoo You*. Està considerada com l'última gran cançó de la banda britànica, i després de vint anys de trajectòria reixida, s'ha convertit ja en un clàssic atemporal que ha ajudat els Stones a connectar també amb les noves generacions. La incorporació del tema a l'anunci de Microsoft el 1995 n'és, sens dubte, un bon exemple.

90

STAY
Jackson Browne

2 de juny de 1988. S'estrena *Dirty Dancing*.

Hi ha cançons que entren i surten de la història sense que la majoria dels que les escolten en coneguin el recorregut. Aquest és el cas de «Stay», un tema que té dues versions molt populars però tan diferents que sovint costa recordar que parteixen d'una mateixa composició.

El tema original és una peça molt breu, de només 1 minut i 37 segons, enregistrada el 1960 per Maurice Williams & The Zodiacs, una formació vocal de rhythm-and-blues i *doo-woop* sorgida de Tennessee els anys cinquanta. La cançó la va escriure el seu líder, Maurice William, quan només tenia 15 anys, però no va ser fins al 1960 que la va presentar a la banda i van decidir gravar-la i llançar-la al mercat. El tema va entrar ràpidament al Billboard americà a principis d'octubre i a finals de novembre ja va situar-se al capdamunt d'aquesta llista musical. Només va poder aguantar uns dies en aquesta posició, ja que la primera setmana de desembre va ser desbancada per «Are You Lonesome Tonight» d'Elvis Presley, però aquella setmana

«Stay» va aconseguir un estatus que encara conserva avui: el de ser la cançó més curta que mai hagi arribat al número u del Billboard Hot 100 americà. Gairebé trenta anys més tard, la recuperació d'aquesta gravació per a la banda sonora de la pel·lícula *Dirty Dancing* va donar un nou impuls a aquest tema de Maurice Williams & The Zodiacs, fent que el 1990 arribés a superar els més de vuit milions de còpies venudes.

Però entremig d'aquestes dues fites dels autors de la cançó, «Stay» va tenir una vida paral·lela de la mà del cantautor Jackson Browne. Nascut a Heildelberg (Alemanya) i criat a Los Angeles, de ben jove Browne va decidir traslladar-se al Greenwich Village de Nova York atret per l'eclosió de l'escena folk. Allà va conèixer Glenn Frey, líder dels Eagles, amb qui el 1972 va compondre el seu tema més exitós: «Take it Easy».

Durant aquells primers anys de la dècada dels setanta, Browne va desenvolupar la seva carrera musical editant alguns àlbums que van tenir molt bona acceptació. Però el moment que segurament va marcar més la seva trajectòria arribaria el dia que va decidir rescatar el tema de Maurice Williams & The Zodiacs i, reconvertit totalment en gairebé una altra cançó, el va incorporar enmig d'un concert al final de «The Load Out», un tema que parla de la importància que té per a un artista el públic que l'està escoltant. I potser com una petició perquè els assistents d'aquella nit el seguissin acompanyant una estona més, a l'arribar a les darreres notes de la peça, el músic va canviar de melodia i va arrencar amb els compassos de la seva versió de «Stay» encapçalats per un "*people stay*" (gent, quedeu-vos) dirigit directament a l'auditori. Aquesta versió en directe, en què Browne canta acompanyat per les veus de Rosemary Butler fent les notes altes i de David Lindley fent el falset, és sens dubte una de les més populars d'aquest tema. Browne sempre ha bromejat amb la ironia que suposa per a un cantautor com ell ser conegut per l'única cançó que no ha compost.

91

STAYIN' ALIVE
Bee Gees

8 d'abril de 1968. Es publica el primer número de la revista *New York Magazine.*

«Stayin' Alive» és un dels temes més populars dels Bee Gees. Fàcilment reconeixibles pel seu característic falset, els germans Barry, Robin i Maurice Gibb van ser tota una icona de la música de la segona meitat de la dècada dels setanta gràcies a èxits com aquesta cançó, una peça que van compondre el 1977 per a la pel·lícula *Saturday Night Fever* (*Febre del dissabte a la nit*, en la versió en català). El productor de la banda sonora, Robert Stigwood, els va encarregar algunes peces per a aquest film, en què John Travolta interpreta un jove amb una vida intranscendent entre setmana però que els caps de setmana es converteix en el rei de la pista d'una discoteca de Brooklyn.

L'elecció del local que havia d'acollir les sessions de ball de la pel·lícula era un element clau i Stigwood va dedicar-hi força temps. Finalment, va trobar el que buscava entre les pàgines de la revista *New York Magazine.* Aquest setmanari dedicat a la cultura, l'estil de vida i la política de Nova York havia estat fundat per l'editor Clay Felker i l'il·lustrador Milton Glaser com a competència de *The New Yorker*, la publicació que des dels anys vint liderava la informació referent a la vida social de la ciutat.

El 1976, el *New York Magazine* va treure un article titulat «Tribal Rites of the New Saturday Night» (Ritus tribals del nou dissabte a la nit) sobre l'escena de la música disco dels setanta. La peça estava signada per l'escriptor britànic Nick Cohn que, investigant la subcultura de la classe treballadora americana, va anar a parar a la discoteca Odyssey 2001, situada al barri de Bay Ridge de Brooklyn. Les escenes que l'autor va relatar en el reportatge, amb tots els personatges que hi apareixien, van donar a Stigwood l'escenari, l'argument i els protagonistes que necessitava per a *Saturday Night Fever*.

No sabem si els germans Gibb van anar a aquest local buscant la inspiració per al tema central de la pel·lícula i que finalment van decidir titular «Stayin' Alive». El que sí que van explicar uns anys més tard en una entrevista va ser que quan van enregistrar el tema van decidir fer-ho amb un ritme accelerat que emulés el cor humà. Per fer-ho van aprofitar un moment en què Blue Weaver, el teclista amb qui van comptar per a aquesta gravació, estava estirat a terra. Li van posar uns elèctrodes al cor, els van connectar amb la sala de control i van demanar al bateria que toqués seguint el batec que li arribava pels auriculars. Anys més tard, un equip de l'escola de medicina de la Universitat d'Illinois va suggerir que «Stayin' Alive» seria una cançó ideal per escoltar mentre es realitzen les compressions al pit a algú que acaba de patir un atac cardíac. I és que els 103 batecs per minut que registra la cançó tenen el ritme perfecte per impulsar un cor parat, ajudant així l'individu a qui se li practica la reanimació a mantenir-se viu.

92

SUNDAY BLOODY SUNDAY

U2

30 de gener de 1972. Una manifestació pacífica a Derry acaba amb 14 morts.

El 30 de gener de 1972 és un dels dies més foscos de la història del conflicte d'Irlanda del Nord. Aquell diumenge a la tarda el NICRA, una associació pels drets civils de la minoria catòlica, havia convocat a Derry una manifestació en contra de la llei que permetia l'empresonament sense judici dels sospitosos de pertànyer a l'IRA, i que s'havia aprovat l'agost de 1971.

La marxa va aplegar més de 15.000 persones i es va iniciar de forma totalment pacífica. Les autoritats britàniques havien denegat expressament als convocants el permís per sortir dels barris catòlics, una zona que es coneixia com a *Free Derry* i que estava tancada per barricades. A més, hi havia la prohibició genèrica de celebrar manifestacions públiques que havia prorrogat el Govern nord-irlandès pocs dies abans. En qualsevol cas, els organitzadors van decidir renunciar a abandonar l'àrea del Bogside per no desafiar els soldats que rodejaven la zona. I és que des de

Londres s'havia enviat un regiment de paracaigudistes de l'exèrcit per a l'ocasió.

No obstant això, enmig de la marxa un petit grup de manifestants aïllat del nucli principal va començar a llançar pedres contra una de les barricades. La primera resposta dels soldats va arribar amb atacs de gas, bales de goma i aigua a pressió, però en pocs minuts l'escalada es va intensificar i les tropes britàniques van obrir foc de forma indiscriminada, deixant un total de 14 víctimes mortals i una trentena de ferits de bala. Cap d'ells duia cap arma en el moment de ser abatut.

Aquest tràgic episodi va passar a la història com el Bloody Sunday i el 1983 la banda irlandesa U2 va decidir recordar-lo en una de les cançons del seu àlbum *War*. Bono ha defensat sempre que «Sunday Bloody Sunday» no és una cançó de posicionament polític en el conflicte irlandès, sinó que expressa el dolor, la ràbia i l'horror per les morts d'aquella jornada. En el videoclip, enregistrat en un històric amfiteatre construït en una pedrera abandonada de Colorado, hi ha un moment en què el líder de la banda abraça una bandera blanca, en un gest que més tard explicaria que més que una rendició davant la violència, simbolitzava el trencament d'una llança a favor de la pau.

I així la va presentar el líder dels U2 el 8 de novembre de 1987: com una cançó de pau. Va ser en un recital de la banda a Denver. Feia poques hores, l'IRA havia detonat una bomba a la ciutat nord-irlandesa d'Enniskillen en l'homenatge que es feia als caiguts de la Primera i la Segona Guerra Mundial. Hi van morir deu civils i un policia. Enmig de la interpretació de «Sunday Bloody Sunday», un Bono visiblement commogut va fer un discurs a favor de la pau i condemnant l'atemptat, que posteriorment quedaria enregistrat en el documental *Rattle and Hum*. La massacre de l'IRA d'aquell dia, que també era diumenge, va generar crítiques a tots els nivells polítics i civils, dins i fora d'Irlanda. I pocs anys més tard acabaria convertint-se en la clau que obriria la porta al tan esperat procés de pau.

93

SURFIN' USA
The Beach Boys

20 d'octubre de 1856. Neix el congressista republicà James Robert Mann.

Fàcilment reconeixibles per les seves harmonies vocals, The Beach Boys va ser el grup més representatiu de l'estil de vida californià dels anys seixanta. Les seves cançons transporten a qui les escolta a un paisatge càlid de platges plenes de joves bronzejats enfilats damunt una taula de surf resseguint onades per la costa del Pacífic. I sens dubte, el tema que millor recull tot aquest imaginari és «Surfin' USA», la cançó que es convertiria en el primer gran èxit d'aquesta formació.

La va escriure a finals de 1962 el líder i autor de la majoria de temes de la banda, Brian Wilson. En aquella època, el cantant sortia amb una noia que tenia un germà molt aficionat al surf, i va pensar que podia ser una bona idea fer una cançó que tractés sobre aquest esport i els principals enclavaments del país on es podia practicar. Wilson va demanar al noi una llista amb el nom de diferents platges conegudes per aquesta activitat i a partir d'aquesta relació va compondre els versos de la cançó com si fossin una guia de bons llocs on fer surf. A l'hora de posar-hi música, però, en comptes de crear-ne una de nova, va optar per agafar-ne una d'existent i adaptar-la. El tema que va triar va ser «Sweet Little Sixteen», un èxit que cinc anys abans havia llançat el guitarrista Chuck Berry. Quan Brian Wilson va plantejar la idea a la resta de membres dels Beach Boys tots van trobar que era una bona manera de fer un homenatge a un artista al qual tots ells admiraven, però el músic de Missouri en aquell moment era a la presó, així que van decidir tirar pel dret sense demanar-li permís.

Al llarg de la dècada dels cinquanta, Chuck Berry s'havia convertit en un intèrpret d'èxit molt reconegut arreu dels Estats Units. Però la seva trajectòria va quedar truncada el desembre de 1959 quan va ser condemnat per infringir la que es coneixia com la llei Mann, un decret de 1910 que deu el seu nom al congressista republicà James Robert Mann i que transformava en delicte federal el transport de dones d'un estat a un altre amb propòsits immorals. En una de les seves gires, Berry havia conegut a Texas una noia apache procedent d'Arizona a qui va oferir feina com a cambrera al Bandstand, un club nocturn de Missouri, que ell mateix havia fundat i on s'admetia l'entrada de clients sense segregar-los per la seva raça. La jove li va dir que tenia 21 anys quan en realitat en tenia 14, així que se la va endur amb ell al seu estat natal. Unes setmanes més tard, però, la noia va ser denunciada per exercir la prostitució en un hotel de la ciutat i aquest fet va provocar el posterior arrest del músic. El guitarrista va ser condemnat a tres anys de presó i al pagament d'una multa de 5.000 dòlars.

Així, mentre Chuck Berry complia la sentència a la presó federal d'Indiana, els Beach Boys s'enfilaven als primeres llocs de les llistes d'èxit americanes amb una cançó basada en un dels seus temes. A l'assabentar-se de la popularitat que estava tenint «Surfin' USA», el músic va amenaçar-los amb una demanda. Aquesta acció va fer reaccionar els integrants de la banda, que finalment van accedir a reconèixer-lo com a compositor de la música de la cançó i, per tant, a repartir amb ell els guanys dels drets d'autor.

94

SWEET CAROLINE
Neil Diamond

15 d'abril de 2013. Es comet un atemptat a la marató de Boston.

De les moltes cançons de Neil Diamond, «Sweet Caroline» és sens dubte la que més èxits li ha reportat. La va escriure per a la seva dona Marcia. Però «Sweet Marcia» no acabava d'encaixar en la tonada que havia compost. Necessitava un nom femení de tres síl·labes. Així que va fer una llista amb tots els que se li van acudir i Caroline, que en aquella època estava molt de moda gràcies Caroline Kennedy, va ser el que més li va agradar.

Presentada el 1969, la cançó ràpidament va arribar a les primeres posicions de les llistes d'èxit i durant les dècades següents va ser versionada per més d'una vintena d'artistes. El que no es podia imaginar el cantant novaiorquès en aquell moment era que el tema s'acabés convertint en un himne esportiu. I menys que ho seria de l'equip de beisbol que és l'etern rival dels Yankees.

Tot va començar el 1997 quan Amy Tobey, una treballadora dels Boston Red Sox encarregada de posar la música a l'estadi, la va fer sonar per megafonia en honor a una amiga seva que havia tingut una nena que es deia Caroline. La cançó va sonar entre la setena i la vuitena entrada del joc i va ser corejada per tot el públic. Així que Tobey va decidir que, sempre que l'equip estigués guanyant a l'arribar aquell moment del partit, la posaria. En poc temps, l'afició del Fenway Park va començar a considerar el tema com un amulet de bona sort i el 2002 el club la va acabar adoptant com a himne oficial. Des de llavors, cada cop que en un partit sona el cor principal de la cançó amb el seu inconfusible «Sweet Caroline good times never seemed so good» (Dolça Carolina, els bons temps mai han semblat tan bons), els seguidors de l'equip coregen el so de les trompetes i repeteixen el «so good» un total de tres vegades.

Quan el 15 d'abril de 2013 dues bombes van explotar a la línia de meta de la Marató de Boston i van causar 3 morts i uns 200 ferits, el tema va convertir-se en gairebé en un símbol de la ciutat. Tothom estava consternat i cinc dies després de l'atemptat, Diamond va aparèixer per sorpresa a la gespa del Fenwey Park i va interpretar «Sweet Caroline» per a una afició que, totalment emocionada, la va cantar amb ell entre la setena i la vuitena entrada del partit que aquella tarda jugaven els Red Sox al seu estadi.

Més recentment, Diamond va voler solidaritzar-se també amb la crisi mundial generada per la pandèmia de la COVID-19 i va adaptar la lletra de «Sweet Caroline» a les recomanacions de prevenció de les autoritats sanitàries. Així, el cantant va compartir un vídeo a les seves xarxes socials en què, en comptes dels versos originals «Hands, touching hands. Reaching Out. Touching me. Touching You» (Mans tocant mans. Estenent-les. Tocant-me. Tocant-te) cantava «Hands, washing hands. Reaching Out. Don't touch me. I won't touch you» (Mans rentant mans. Estenent-les. No em toquis. Jo no et tocaré).

95

TAKE IT EASY
The Eagles

27 de juny de 1985. La Route 66 és descatalogada.

El 27 de juny de 1985 el Govern de Ronald Reagan retirava oficialment de la xarxa de carreteres dels Estats Units la US66, més coneguda com la *Route 66*. Es descatalogava així la que durant dècades va ser una de les vies estratègiques del país creuant-lo de costa a costa des d'Illinois fins a Califòrnia, travessant gairebé 4.000 quilòmetres. Tot i haver estat engolida per la nova xarxa d'autopistes interestatals, el seu valor icònic ha fet que continuï molt present en l'imaginari americà i s'hagi convertit en un reclam turístic molt potent, que cada any atreu un gran nombre de nostàlgics que s'animen a recórrer les parts de la carretera que encara són transitables i que, senyalitzades com a *Historic Route 66*, tornen a aparèixer als mapes.

Al llarg dels anys, la Route 66 ha estat un element molt present en el món de la música, tant en referències directes com en al·lusions a tot el que va significar en diferents moments de la història, i «Take it Easy» n'és un exemple.

La va començar a escriure el cantautor Jackson Browne a principis de 1972, mentre preparava les cançons del seu primer àlbum. Però bloquejat a mitja composició, va ensenyar-li el que tenia al líder dels Eagles, Glenn Frey, i que en aquella època era veí seu a Los Angeles. Frey, que estava treballant també en els temes que havien de conformar el disc de debut de la seva banda, va trobar en aquella primera estrofa que li va tocar Browne un material molt atractiu, i va decidir ajudar-lo amb la composició de la resta. Finalment Browne, en un acte de generositat que Frey sempre ha reconegut, va compartir els crèdits del tema i li va cedir la cançó perquè l'enregistrés amb els Eagles.

En la segona estrofa del tema, Frey hi va introduir una referència clau en la lletra de la cançó, que va recollir en els versos «Well, I'm a standin' on a corner in Winslow, Arizona. Such a fine sight to see. It's a girl, my Lord, in a flat-bed Ford. Slowin' down to take a look at me» (Bé, estic en una cantonada a Winslow, Arizona. Una vista tan bonica per veure. És una noia, senyor meu, en un Ford alentint la marxa per mirar-me). Aquest passatge descriu el moment en què el protagonista de la cançó veu una jove al volant d'un cotxe en una cantonada de Winslow, la localitat que va ser la ciutat més gran del nord d'Arizona gràcies a la seva ubicació estratègica en el recorregut de la Route 66. A partir dels anys seixanta, arran de la construcció de l'autopista que va circumval·lar la ciutat, que va convertir en residual la Route 66, Winslow va perdre tota la força que havia tingut en temps passats.

Però el 1999, mentre el Govern local buscava noves fórmules per reinventar-se i recuperar la seva activitat comercial, la referència a la població a la lletra de «Take it Easy» els va donar una idea: construirien un espai dedicat a la cançó i el batejarien com el parc Standin' in the Corner, en honor als versos que Frey els va dedicar al principi de la segona estrofa del tema. El projecte es va dur a terme amb la implicació de diversos artistes que van explicar la història de la cançó en diferents punts de la ciutat a partir de diversos elements. El més representatiu i visitat és un gran mural del pintor John Pugh amb motius referents a la cançó, davant el qual es va instal·lar una estàtua de bronze que representa un jove vestit amb roba dels setanta amb una guitarra recolzada a la punta de la seva bota. Diuen els ciutadans de Wislow que qui passa per allà pot arribar a sentir de lluny les notes de «Take it Easy». I que els més afortunats fins i tot poden tenir la sort que una noia passi en cotxe just en aquell moment i s'aturi per mirar-los.

96

TAKE THIS WALTZ
Leonard Cohen

5 de juny de 1898. Neix Federico García Lorca.

«En Viena hay diez muchachas. Un hombro donde solloza la muerte y un bosque de palomas disecadas. Hay un fragmento de la mañana en el museo de la escarcha. Hay un salón con mil ventanas.» Amb aquests versos comença «Pequeño vals vienés», un dels poemes de *Poeta en Nueva York*, i que està considerada com una de les antologies poètiques més críptiques de Federico García Lorca. El poeta granadí va escriure aquesta obra durant l'estada que va fer a la ciutat americana entre el juny de 1929 i el març de 1930 amb motiu del cicle de conferències que va impartir a la Universitat de Columbia.

Des que va arribar als Estats Units, Lorca va desenvolupar una profunda aversió cap al sistema capitalista i una gran repulsa cap al tracte que la societat americana donava a la minoria negra. Això va accentuar la seva actitud de rebuig contra l'alienació de les persones i la deshumanització que percebia en aquell país. Però també va ser allà on va sortir de l'armari, i va decidir declarar el seu amor per un home de qui es va enamorar a la ciutat dels gratacels. I ho va fer a «Pequeño vals vienés», un poema vital i misteriós, amb què reivindica la seva pròpia opció sexual, a través d'uns versos que conformen un crit d'amor desesperat farcit de metàfores i d'imatges surrealistes.

Quan aquest poema va arribar a les mans de Leonard Cohen no va tenir cap dubte que havia de musicar-lo. El cantautor canadenc, que era un gran admirador de l'obra de Lorca, va traduir els versos a l'anglès i, aprofitant el ritme musical que ja tenia la composició, la va convertir en «Take this Waltz». Pocs mesos després, la va incloure a *I'm your Man*, l'àlbum que va enregistrar el 1988, i que suposava el seu retorn musical després de quatre anys sense passar per un estudi. El disc va ser un dels grans èxits de Cohen i va arribar a ser un dels més venuts a diversos països, entre ells a Espanya.

El 2014, Sílvia Pérez Cruz agafaria el testimoni d'aquest homenatge que Leonard Cohen va fer a Lorca i recuperant els versos de «Pequeño vals vienés» en la seva llengua original, va fer una versió estremidora acompanyada del guitarrista Andrés Herrera Ruiz, àlies *Pájaro.* Quan dos anys més tard, el cantautor canadenc va morir sobtadament als 82 anys a la seva residència de Los Angeles, la cantant catalana li va dedicar una preciosa carta que es va publicar a la premsa, en què li mostrava la seva admiració així com el seu agraïment per haver-li fet descobrir aquest poema a través de la seva música.

97

TEARS IN HEAVEN
Eric Clapton

29 de maig de 1991. S'estrena la pel·lícula *Rush*.

El 1991 la productora americana Lili Fini Zanuck debutava com a directora amb *Rush*, una pel·lícula basada en la novel·la homònima de Kim Wozencraft. Protagonitzada per Jennifer Jason Leigh i Jason Patric, narra la història d'una parella de policies de Texas que als anys setanta són assignats com a agents encoberts en un cas del departament de narcòtics. Per sobreviure i mimetitzar-se en el salvatge submón de *dealers* i addictes, comencen a drogar-se i acaben enganxats en una complicada trama de vicis i enganys.

Per a la banda sonora d'aquest primer treball darrere de la càmera, Zanuk va confiar en Eric Clapton, de qui n'era una gran admiradora. L'encàrrec arribava en el pitjor moment personal del músic britànic, que pocs mesos abans havia perdut el seu fill petit en un malaurat accident. El petit Connor, de només quatre anys, va caure des del 53è pis d'un gratacel de Manhattan. El dolor esquinçador i inconsolable de Clapton hagués pogut retornar-lo a les drogues i l'alcohol, dues addicions que havien marcat la seva vida i que li havien costat molt de superar. Però en comptes d'optar per aquest camí en la seva desesperació, va decidir refugiar-se en la guitarra com a teràpia per apaivagar el seu patiment i trobar una manera de sortir del pou. I la proposta de posar música a una pel·lícula va ser una oportunitat per concentrar-se en aquest objectiu.

Clapton va estar treballant en el projecte tota la tardor i a finals d'any tenia llest l'àlbum que, interpretat per ell mateix, va convertir-se en la banda sonora de *Rush*. Entre els temes que va incloure-hi, hi havia «Tears in Heaven», una balada en la qual va vessar els seus sentiments més profunds, expressant el desig que tenia com a pare de tornar a veure el seu fill algun dia.

Mig any després de l'estrena de *Rush*, «Tears in Heaven» es va llançar com a single, i l'agost de 1992 Clapton el va gravar en directe per al disc *Unplugged*, que va enregistrar per a la sèrie de concerts acústics organitzats per la cadena de televisió MTV. L'efecte estremidor del tema i de la seva interpretació va ser tan impactant, que va ser reconegut amb tres premis Grammy, entre els quals hi havia el de millor cançó de l'any.

98

TELEGRAPH ROAD
Dire Straits

19 de febrer de 1952. Mor el premi Nobel de literatura Knut Hamsun.

Knut Hamsun és un dels escriptors més rellevants de la literatura noruega. Va desenvolupar la seva obra entre finals del segle XIX i la primera meitat del segle XX, amb novel·les d'una gran qualitat literària, que van fer que el 1920 fos guardonat amb el Premi Nobel. No obstant això, la popularitat internacional que va assolir abans de la Segona Guerra Mundial es va veure truncada a partir de la dècada dels trenta pel seu suport al règim nazi i la seva admiració declarada a la figura d'Adolf Hitler.

El 1943, Hamsun va regalar la medalla del reconegut guardó suec a Joseph Goebbels com a gest d'adhesió al Tercer Reich alemany. I quan el maig de 1945 el *Führer* es va suïcidar, va publicar un obituari en què homenatjava la seva memòria, recordant-lo com «un guerrer en lluita per la humanitat, un apòstol de l'Evangeli del dret de tots els pobles». Aquesta proximitat de Hamsun amb el nazisme va fer que, acabada l'ocupació alemanya de Noruega, l'autor caigués en l'ostracisme. Va ser processat per col·laboracionista i multituds enfurismades van cremar públicament els seus llibres a les principals ciutats escandinaves. Un examen va concloure que les seves facultats mentals s'havien deteriorat permanentment i, arruïnat, cec i pràcticament sord, va morir el febrer de 1952 en un hospital psiquiàtric.

Amb el pas del temps i la cura de les ferides, la separació entre la figura de l'escriptor i la seva obra ha fet que els llibres de Knut Hamsun s'hagin reeditat i que molts lectors hagin pogut gaudir de les seves novel·les, mantenint-se al marge de la ideologia de l'autor. *Benedicció de la terra* n'és una de les més brillants. Narra les peripècies d'un matrimoni de camperols que treballa de sol a sol per tirar endavant la seva família. Està considerada un cant a la vida rural i, a través de les vivències d'Isak i Inger, Hamsun enalteix el caràcter de la gent que es dedica al món agrari, presentant-la com la força que mou un país.

La història d'aquests dos personatges van inspirar Mark Knopfler en el procés creatiu del qual en va sortir «Telegraph Road». El líder dels Dire Straits estava treballant en el tema que havia d'encapçalar el quart àlbum de la banda i que es publicaria el setembre de 1982 amb el títol *Love Over Gold*. Knopfler volia donar al disc una atmosfera íntima reflexiva i entre les pàgines de *Benedicció de la terra* va trobar-hi el fil conductor que estava buscant. Va escriure el tema mentre viatjava en autobús per l'estat de Michigan a través de la carretera que el creua al llarg d'un centenar de quilòmetres i que alguns avui encara anomenen Telegraph Road, en record de l'època en què les línies de telègraf resseguien els seus vorals.

Amb el nom d'aquesta via de comunicació ja triat com a títol i la referència als protagonistes de la novel·la de Hamsun, Knopfler va trobar la comunió perfecta per a la seva cançó. El resultat va ser un tema de més de catorze minuts de durada, amb llargs passatges instrumentals, que relata el desenvolupament d'un territori amb tots els seus canvis socials i econòmics i que acaba convertint-se en una metàfora de l'auge i el declivi del model de creixement americà.

99

THE FOGGY DEW

Sinéad O'Connor & The Chieftains

24 d'abril de 1916. Esclata l'Easter Uprising irlandès.

«The Foggy Dew» és una balada que relata l'Easter Uprising, la revolta popular que es va produir a Irlanda durant la Pasqua de 1916 i que va precedir la declaració d'independència del país tres anys més tard. Concebuda com un homenatge que recull l'èpica d'aquell aixecament, s'ha convertit en tot un himne de la causa irlandesa i un referent en molts moviments de reivindicació nacional.

L'aixecament va ser organitzat per part de republicans irlandesos amb l'objectiu d'acabar amb el domini britànic a l'illa, aprofitant que el Regne Unit es trobava immers en la Primera Guerra Mundial. Va començar el dilluns de Pasqua i es va allargar cinc dies, durant els quals membres de diferents germandats republicanes, voluntaris, activistes i fins i tot un petit exèrcit ciutadà van ocupar diversos emplaçaments del centre de Dublín i van proclamar la República irlandesa. La superioritat numèrica i d'artilleria de l'exèrcit britànic es va imposar i finalment va obligar els líders de la revolta a acceptar una rendició incondicional. La majoria van ser executats després de ser sotmesos a judicis marcials, però els fets d'aquells dies van aconseguir tornar a situar el republicanisme al capdavant de la política irlandesa i donar visibilitat internacional a aquesta causa.

L'autor del tema és Charles O'Neill, un jove sacerdot del comtat d'Antrim, que el gener de 1919 va assistir a la primera sessió del parlament irlandès després de la declaració d'independència. El clergue va quedar fortament impressionat quan, al llegir la llista dels membres de la cambra es va declarar que 34 d'ells no eren a la sala perquè estaven presoners a Londres. I tal com va arribar a casa, va escriure «The Foggy Dew» en memòria de tots els que van perdre la vida lluitant per la llibertat.

La lletra d'O'Neill es va incorporar a la melodia d'un vell càntic popular titulat «Banks of the Mourlough Side» i es va editar a finals del mateix any. Com a autor signant del tema hi apareixia Iascar, que és el pseudònim que es va triar per protegir la identitat del mossèn. I és que «The Foggy Dew» és un sentit homenatge a tots els que van morir durant l'aixecament de Pasqua, però també una dura crítica als més de 200.000 irlandesos que durant la Primera Guerra Mundial van allistar-se a l'exèrcit britànic lluitant pel rei anglès, en comptes de fer-ho per la República irlandesa. Aquesta diferenciació de tracte entre tots dos combatents, ha estat present des de llavors en el transcurs de la història d'aquest país, ja que els que van marxar per participar en la Gran Guerra van ser oblidats a favor dels que van caure durant l'Easter Uprising. A banda de la versió que Sinéad O'Connor va fer amb The Chieftains, «The Foggy Dew» ha estat versionada per diversos grups irlandesos com ara The Dubliners o els Wolfe Tones. En català hi ha també una versió del tema titulat «La boira del matí» gravada per Quim Benavent i Arnau Giordani dels Soviets a partir de l'adaptació que Olga Suanya va fer de la lletra.

100

THE SOUND OF SILENCE
Simon & Garfunkel

14 de març de 1964. Jack Ruby és condemnat a mort per l'assassinat de Lee Harvey Oswald.

L'assassinat del president John F. Kennedy és un dels episodis que més ha impactat els ciutadans nord-americans en el darrer segle. Les imatges del tiroteig que va acabar amb la vida de JFK van quedar enregistrades per les càmeres de televisió que aquell 22 de novembre de 1963 seguien la visita a Dallas del cap de la Casa Blanca. Una hora més tard, la policia arrestava Lee Harvey Oswald com a sospitós de ser l'autor dels trets. Però l'acusat no va arribar a ser jutjat, ja que dos dies després, mentre era traslladat a la presó del comtat, va ser ferit de mort per un home que, obrint-se pas entre periodistes, fotògrafs i càmeres, va disparar-li a l'abdomen. L'autor de l'assassinat va ser Jack Ruby, un membre de l'hampa de Chicago, que el 14 de març de 1964 va ser sentenciat a mort per aquest crim. Posteriorment, el judici es va anul·lar i Ruby va acabar morint a la presó a l'espera d'un nou procés i sense haver confessat per què havia tret la vida a l'únic sospitós del magnicidi que va commocionar els Estats Units i el món sencer.

L'impacte dels fets ocorreguts aquell migdia de tardor en la societat americana va ser traumàtic. La mort del president Kennedy deixava òrfena tota una generació que havia erigit aquell dirigent jove, heroic i carismàtic en una icona de la promesa desbordant de possibilitats que s'obrien pas als Estats Units de la segona meitat del segle xx. Aquest sentiment de buidor, tristesa, desorientació i incomprensió que es va apoderar de milions d'americans arran de la mort de Kennedy va ser el que va intentar copsar Paul Simon quan el febrer de 1964 va escriure «The Sound of Silence».

En aquella època, Paul Simon acabava de retrobar-se professionalment amb el seu antic amic d'infantesa Art Garfunkel. Havien crescut plegats en un barri del districte novaiorquès de Queens i en els seus dies d'institut ja havien format un duet que van batejar com a Tom & Jerry, en referència als personatges dels dibuixos animats del mateix nom. Quan van tornar a reunir-se el 1963, tots dos eren ja a la universitat i van decidir donar-se a conèixer amb la simple combinació dels seus propis cognoms. Durant prop d'un any, com a Simon & Garfunkel, van actuar en clubs de música i en algun festival de folk on els van convidar a compartir escenaris amb artistes de la categoria de Bob Dylan. L'octubre de 1964 finalment van editar el seu primer disc *Wednesday Morning, 3 A. M.*, dins el qual van incloure «The Sound of Silence».

Comercialment, l'àlbum va ser un fracàs absolut, fet que va provocar la separació del grup. Paul Simon es va traslladar a Londres, on va començar una carrera en solitari, i Art Garfunkel va tornar a la facultat per continuar els seus estudis de matemàtiques. L'estiu de 1965, però, va passar un fet inesperat que va marcar un punt d'inflexió en la carrera d'aquests dos músics. Sense cap motiu aparent, diferents ràdios locals de Florida van començar a rebre peticions d'oients perquè posessin «The Sound of Silence». El tema va començar a sonar a les emissores d'aquest estat i ràpidament el redescobriment de la cançó es va anar estenent per tota la costa est fins a arribar a Boston. Quan els productors del disc van detectar l'interès que despertava aquella cançó, que un any abans havia passat totalment desapercebuda, van aprofitar per revisar-la i rellançar-la afegint-hi un ritme més ràpid amb guitarra elèctrica, baix i bateria.

En poques setmanes, aquest nou «The Sound of Silence» va entrar a les llistes d'èxits i va arribar a situar-se en la primera posició. Immediatament després de conèixer la notícia, Simon va tornar als Estats Units i va proposar a Garfunkel que es retrobessin a l'estudi per gravar nous temes plegats. Fruit d'aquest nou retrobament, el gener de 1966 el duet editava *Sounds of Silence*, un disc de deu temes encapçalats per una reedició del «The Sound of Silence» original i que va suposar el llançament definitiu a la fama de Simon & Garfunkel, i la consagració del tema com un dels més identificatius d'aquest duet.

Posteriorment, la cançó s'ha inclòs a la banda sonora de diferents pel·lícules, entre les quals destaquen *El Graduat*, que el 1968 va utilitzar-la en la seva escena final; i *Bobby*, el film que el 2006 va dirigir Emilio Estévez sobre les darreres hores del senador Robert F. Kennedy, un dels germans petits del president John F. Kennedy i que, com ell, també va morir assassinat. Amb la incorporació del tema en aquest llargmetratge es tancava el cercle: la cançó inspirada en la mort de JFK, quaranta anys més tard posava música a l'homenatge cinematogràfic de l'assassinat del seu germà.

101

THE YEAR OF THE CAT
Al Stewart

14 de gener de 1957. Mor l'actor Humphrey Bogart.

Nascut a Glasgow el 1945, Alastair Ian Stewart és un músic escocès que va saltar a la fama a finals dels seixanta, desenvolupant un estil propi que combinava cançons de folk-rock amb contes de personatges clàssics i fets històrics.

Estant de gira pels Estats Units el 1975, Stewart va fixarse en un riff que Peter Wood, el teclista de la banda que l'acompanyava, tocava a cada prova de so. Li va comentar que li agradava força i li va demanar permís per treballar a partir d'aquelles notes i posar-hi lletra. Hi va estar donant voltes uns quants dies i finalment se li van ocórrer uns versos sobre un comediant anglès anomenat Tony Hancock que s'havia suïcidat uns anys abans amb una sobredosi de pastilles i alcohol. Va titular la cançó «Foot of the Stage» i la va presentar a una discogràfica americana. Els productors, però, li van dir que no havien sentit a parlar mai de Tony Hancock i li van proposar que reorientés el contingut. Stewart ho va acceptar i va reescriure la lletra. Aquest cop la seva font d'inspiració va ser la princesa Anna d'Anglaterra i com a nom de la cançó va triar «Horse of the Year», en referència a la seva afició per l'hípica. La nova temàtica tampoc va agradar als de la discogràfica, així que calia tornar a escriure.

En aquest desesperat tercer intent per trobar la lletra del tema, Stewart va topar amb un llibre sobre astrologia vietnamita que estava llegint la seva xicota. Estava obert per un capítol titulat «L'any del gat» i al moment no va tenir dubte que aquest podia ser l'element que estava buscant per a la cançó. Tenia el títol, però encara li faltava la lletra. Escriure una cançó sobre gats li semblava massa ridícul, així que va continuar la seva cerca per trobar una història que encaixés amb «The Year of the Cat».

Estava absolutament perdut, però finalment li va sobrevenir la idea definitiva. A la televisió feien *Casablanca* i al tornar a veure la pel·lícula va tenir clar que el paper de Humphrey Bogart en aquesta pel·lícula el guiaria cap al que estava buscant. Seguint el personatge de Rick Blaine va començar a escriure versos plens de referències al film de Michael Curtiz, des de les més directes (com les citacions a Bogart i Peter Lorre, que fa el paper del criminal Ugarte) a d'altres de menys explícites però fàcilment relacionables amb *Casablanca*. Tota aquesta temàtica, acoblada amb l'imaginari astrològic a què fa referència el títol de la cançó, van acabar confluint en una lletra que va agradar al músic.

Aquesta darrera proposta sí que va convèncer els responsables de la discogràfica. Així que a finals de 1975 i sota la producció d'Alan Parsons, Al Stewart va enregistrar «The Year of the Cat» i el va incloure en un disc que va batejar amb el mateix nom.

102

THEY DANCE ALONE
Sting

8 de febrer de 1991. Es publica l'informe Rettig sobre violacions de drets humans durant la dictadura de Pinochet.

Entre el setembre de 1973 i el març de 1990, Xile va viure sota el règim de la dictadura militar imposada per Augusto Pinochet, després de perpetrar el cop d'estat amb què va derrocar Salvador Allende. Aquest és un dels capítols més foscos de la història del país, que durant gairebé dues dècades va patir l'amenaça constant de les violacions de drets humans que es produïen per part de l'exèrcit. Aquests abusos estaven, a més, protegits per una llei d'amnistia que el mateix Pinochet va aprovar al començament del seu mandat, de manera que els militars actuaven impunement a l'hora de reprimir qualsevol conducta contrària al règim.

Quan un cop acabada la dictadura, Patricio Aylwin es va convertir en el president electe encarregat de liderar la transició xilena cap al retorn a la democràcia, una de les primeres mesures que va adoptar va ser la creació de la Comissió Nacional de Veritat i Reconciliació. Aquest organisme estava presidit per l'advocat Raúl Rettig i tenia com a missió investigar tots els casos de violacions de drets humans comesos els darrers anys. L'extensa documentació recopilada va sortir publicada el 8 de febrer de 1991 en el que es coneix com l'informe Rettig, un document gràcies al qual es va poder condemnar alguns dels responsables dels crims comesos sota el mandat de Pinochet. Les xifres oficials recullen que durant el període del règim militar es van superar les 40.000 víctimes (inclosos més de 3.000 opositors al règim assassinats) i un miler de persones desaparegudes.

El drama personal que s'amagava darrere de cadascuna de les històries d'aquests damnificats va començar a visibilitzar-se a tot el món gràcies en part a «They Dance Alone», la cançó que Sting va editar el 1987 dins el disc *Nothing Like the Sun*. El músic havia visitat el país en els darrers anys de la dictadura i va quedar impactat per una concentració de dones que ballaven la *cueca sola* (una variació solista de la dansa nacional xilena) exhibint fotos dels seus familiars desapareguts. El músic va concebre el tema com una metàfora referida al dol d'aquest grup de mares, esposes, germanes i filles que reclamaven saber què se n'havia fet dels seus éssers estimats i va explicar que la peça volia ser un gest simbòlic contra Pinochet.

Tant en la versió original com en la que Sting va fer també en espanyol, «They Dance Alone» es va convertir en una icona de la denúncia de les violacions dels drets humans perpetrades en diferents països. I amb la inclusió del tema en els seus concerts, el músic britànic es va erigir en altaveu d'aquest col·lectiu. Una de les interpretacions més recordades és la que va fer l'octubre de 1990 en el marc del concert organitzat a per Amnistia Internacional a Santiago de Xile. En aquella ocasió, Sting va tocar la cançó acompanyat d'una vintena de dones xilenes que van pujar a l'escenari amb els retrats dels seus desapareguts.

103

THIS LAND IS YOUR LAND
Woody Guthrie

4 de juliol de 1776. Dia de la independència dels EUA.

Cada 4 de juliol els americans celebren la seva diada nacional per recordar la data en què el país va aconseguir la independència. I des de fa dècades la cançó que s'ha convertit en l'himne no oficial d'aquesta data és «God Bless America», un tema compost pel músic d'origen rus Irving Berlin, en agraïment al país que el va acollir. El va escriure el 1918, però no es va donar a conèixer fins al cap de vint anys, quan Kate Smith el va interpretar per primer cop en un programa de ràdio. Escrita com si fos una oració per demanar pau i benediccions de Déu per a la nació i els seus ciutadans, els americans no van trigar a adoptar-la com la màxima expressió musical del seu patriotisme.

Durant els primers anys de la dècada dels quaranta, «God Bless America» sonava tothora per les emissores americanes, però no tothom estava d'acord amb la imatge autocomplaent que presentava dels Estats Units. Aquest va ser el cas de Woody Guthrie que, sobre una melodia ja existent, va escriure una cançó com a resposta al tema de Berlin en què denunciava les desigualtats socials existents al país. En la primera versió d'aquest tema que inicialment va titular «God Blessed America for me», Guthrie hi va incloure diverses frases polítiques que s'acostaven a alguns punts de vista del comunisme, però finalment va ometre aquests versos en l'adaptació final de la cançó, que va acabar sent editada el 1945 com a «This Land is Your Land».

Considerat un dels pares del folk americà, Guthrie s'havia forjat com a cantautor durant la dècada dels trenta recorrent el país amb la seva guitarra. Durant aquells anys va ser un dels grans cronistes de la misèria i les desgràcies que van patir milions d'americans a causa de les sequeres i les tempestes de sorra de la Dust Bowl. El seu origen humil el va fer empatitzar ràpidament amb tota aquella gent. I amb les seves cançons, ben aviat va començar a forjar la llegenda que el convertiria en el músic que retratava la realitat dels més desvalguts. Woody Gurthrie representava la veu de les classes treballadores i «This Land is Your Land» és el llegat que els va deixar com a missatge de lluita diària en forma de cançó.

Tot i que durant la seva participació en el grup de Pete Seeger, els Almanac Singers, Guthrie havia defensat el pacifisme i s'havia mostrat crític amb les polítiques intervencionistes del president Roosevelt, a mesura que la Segona Guerra Mundial es va intensificar, va virar cap a posicions que donaven suport a la participació americana. De fet, Guthrie va allistar-se a la marina i després de l'atac japonès a Pearl Harbor, va acabar de confirmar el seu posicionament a favor de la lluita estampant a la seva guitarra un adhesiu en què es podia llegir «This Machine Kills Fascists» (Aquesta màquina mata feixistes).

Quan va tornar a casa va continuar recorrent el país fent servir la música com a arma del seu activisme en la lluita contra el feixisme i els abusos de poder. No parava de tocar i compondre cançons, i així va ser com en un *diner* de carretera camí de Nova York va escriure les primeres estrofes del que acabaria sent «This Land is Your Land». Després de la mort de Woody Guthrie el 1967, el seu llegat musical va ser recuperat per tota una generació d'artistes folk com el mateix Pete Seeger, Bob Dylan, Joe Strummer, Ani DiFranco, Billy Bragg o Bruce Springsteen. Aquest darrer, va donar una nova vida a «This Land is Your Land» a l'incloure-la en el seu repertori a mitjans dels setanta i presentar-la com «una de les cançons més boniques que mai he escoltat».

Més recentment, durant la cerimònia d'investidura de Joe Biden com a 46è president dels Estats Units, el tema es va poder escoltar cantat per Jennifer López. Enmig de la seva interpretació davant el Capitoli, l'artista d'origen portoriqueny va pronunciar un fragment del jurament a la bandera americana en espanyol.

104

THROUGH THE BARRICADES

Spandau Ballet

6 de novembre de 1888. Es funda el Celtic de Glasgow.

No eren berlinesos ni una companyia de dansa. Però amb un nom que feia pensar en aquests dos elements i un repertori ple d'èxits, Spandau Ballet va erigir-se com una de les bandes referents del pop britànic de la dècada dels vuitanta. Els cinc membres de la formació havien començat a tocar plegats el 1979 com a The Makers, però van canviar aquest nom pel de Spandau Ballet a proposta del seu promotor discogràfic, que havia vist aquestes dues paraules pintades en un bany públic de la capital alemanya.

Aquest quintet londinenc va fer les seves primeres actuacions en un club de la ciutat anomenat Blitz, que està considerat com el bressol del sorgiment del New Romantic, un subgènere musical de la new-wave britànica dels primers anys d'aquella dècada. A aquest estil pertanyen els seus dos primers àlbums amb els quals es van començar a donar conèixer. Però l'èxit de la formació, liderada per Tony Hadley, arribaria el 1983 quan van endinsar-se de ple en el pop amb *True*, un disc que es va convertir en tot un número u al Regne Unit, una posició que va assolir també la cançó que donava nom a aquest treball discogràfic. A partir d'aquell moment, en els tres anys següents Spandau Ballet aconseguiria situar un total de cinc singles entre els més venuts al país. El darrer d'aquests temes que la banda situaria al *top ten* va ser «Through the Barricades».

Presentada com una balada acústica, aquest és un tema que relata una història d'amor de final tràgic ambientada en el conflicte que es vivia a Irlanda del Nord als anys vuitanta. És una història real, inspirada en Thomas Reilly, un jove catòlic a qui tothom coneixia com a Kidso i que mantenia una relació sentimental amb una noia protestant. Com si fos una revisió moderna de *Romeu i Julieta* de Shakespeare, la parella vivia el seu amor furtiu d'amagat de les seves famílies, i solia trobar-se en una zona fronterera entre els barris catòlic i protestant de Belfast, més enllà de les barricades que protegien cadascun d'aquests sectors.

A banda de la seva xicota, a Kidso només li interessaven dues coses: el futbol i la música. La primera, la vivia a través de la seva devoció pel Celtic de Glasgow, l'equip escocès dels descendents d'immigrants irlandesos per excel·lència i al qual seguia en els seus desplaçaments sempre que podia. La segona, la va convertir en la seva activitat professional, treballant com a *roadie* de diferents bandes. I així va ser com la primavera de 1983 es va incorporar a la gira que Spandau Ballet va emprendre per Europa després de l'èxit de *True*. Quan, a l'acabar la gira, va tornar a l'Ulster per passar-hi les vacances, una nit que va sortir amb un grup d'amics, va ser detingut per una patrulla de l'exèrcit britànic. Després de ser escorcollat i haver contestat totes les seves preguntes, el jove va enfilar la carretera que duia cap a casa seva. Anava vestit amb una samarreta i uns pantalons curts, però a un dels soldats li va semblar que entre la roba amagava una arma. El militar li va cridar l'atenció i al no tenir resposta, va posar un genoll a terra, va apuntar en la direcció en què Kidso s'allunyava i el va matar a trets per l'esquena.

Quan Gary Kemp, compositor i guitarrista de Spandau Ballet, va llegir la notícia d'aquest succés a la premsa i va identificar la víctima mortal com aquell noi que poques setmanes abans els havia acompanyat a tants concerts, va quedar commocionat. Mesos més tard, va visitar la tomba del noi a Belfast i, impactat per la imatge de les barricades que va veure pels carrers de la capital nord-irlandesa, va decidir dedicar-li una cançó ambientada en aquell entorn bèl·lic en què el jove havia crescut. El 1986 el record de Kidso va quedar immortalitzat a «Through the Barricades», però cap dels membres de la banda va revelar de qui parlava aquella història d'amor construïda entre barricades i de final fatal.

No va ser fins gairebé tres dècades més tard que la identitat del protagonista de la cançó va sortir a la llum gràcies a un homenatge que un grup d'aficionats del Celtic desplaçats des de Belfast van voler fer a Thomas Reilly, *Kidso*, per recordar el 30è aniversari de la seva mort. Durant el partit d'aquell dia, amics i membres de la família del jove assassinat van viatjar fins al Celtic Park i van desplegar una gran pancarta en la qual a sota del seu nom i la seva foto s'hi podia llegir un missatge: «You'll never walk alone» (Mai no caminaràs sol). La història d'aquest tribut va ser recollida al *Celtic More than 90 Minutes,* una popular publicació entre els seguidors d'aquest club de futbol, i poc després Gary Kemp va confirmar en una entrevista a la BBC que, efectivament, Kidso va ser l'inspirador de l'exitosa balada de Spandau Ballet.

105

THUNDER ROAD

Bruce Springsteen

25 de setembre de 1993. Robert Mitchum rep el Premi Donostia del Festival de Cinema de Sant Sebastià.

La 41a edició del Festival Internacional de Cinema de Sant Sebastià va tenir un convidat de primer nivell: Robert Mitchum. Al certamen celebrat del 16 al 25 de setembre de 1993, l'actor va ser guardonat amb el Premi Donostia en reconeixement a tota la seva trajectòria recollida en més d'un centenar de pel·lícules. El caràcter independent i singular de Mitchum va endarrerir el seu llançament com a estrella i no va ser fins a finals dels cinquanta que es va convertir en un dels artistes més sol·licitats de Hollywood. Justament en aquella època, va protagonitzar *Thunder Road* (traduïda al català com *La ruta del tro*), un film policíac dirigit per Arthur Ripley inspirat en la història real d'un transportista d'alcohol il·legal en què Robert Mitchum no només actuava, sinó que també en va assumir la producció, va participar en el guió i fins i tot va coescriure i cantar-ne la cançó principal: «The Ballad of Thunder Road».

El concepte d'una carretera marcada pel signe d'un tro com a metàfora d'una fugida cap endavant va agradar molt a Bruce Springsteen quan va saber d'aquesta pel·lícula. I de fet va ser la font d'inspiració que anys més tard va explicar que va fer servir per escriure la que sens dubte és una de les seves grans cançons. A l'inici va pensar a no fer servir el concepte exacte i titular-lo «Wings for Wheels», però finalment va optar per mantenir l'expressió de la pel·lícula i batejar-la com a «Thunder Road». Era l'any 1975 i Springsteen preparava les cançons del seu tercer àlbum, un treball discogràfic amb el qual s'hi jugava molt, ja que els seus dos àlbums anteriors no s'havien venut gaire bé. Així que la idea d'obrir el disc amb una cançó que parlava d'escapar per una carretera tempestuosa cap a un futur millor li va semblar una forma molt encertada de plasmar la idea de creixement personal i artístic que volia assolir amb aquest projecte. El llançament de *Born to run* va resultar tot un èxit i, amb aquesta idea de córrer cap a un nou destí que també recollia el mateix nom de l'àlbum, va aconseguir connectar amb un públic que des de llavors es va mostrar extremadament fidel al músic de Nova Jersey.

A partir del títol inspirat per la pel·lícula de Mitchum, Springsteen va escriure una cançó en què el protagonista s'acosta fins a casa de la seva xicota i la repta que l'acompanyi en el seu viatge cap a una vida millor. El nom de la noia va canviar diverses vegades durant el procés creatiu. El músic va temptejar anomenar-la Angelina o Chrissie abans que aquest quedés fixat com Mary en un vers en el qual la descriu ballant al porxo de casa seva amb un vestit que oneja amb els seus moviments. La referència a la música de Roy Orbison que, segons la cançó, sona en aquell precís moment a la ràdio i al qual Springsteen es refereix quan canta «Roy Orbison singing for the lonely» (Roy Orbison cantant per als solitaris) és un homenatge que va voler fer al cantant de Vernon i especialment al seu èxit de 1960 «Only the Lonely».

Des de la seva publicació, «Thunder Road» s'ha convertit en un dels temes que no falta mai als concerts de The Boss, tant en la seva versió original interpretada amb tota la banda com en la que ofereix en format acústic, en què la toca tot sol acompanyat simplement d'una guitarra i l'harmònica.

106

TU VUÒ FÀ L'AMERICANO
Renato Carosone

14 de setembre de 1901. Theodore Roosevelt es converteix en president dels Estats Units.

Un dia de 1955 un dels productors de Casa Ricordi, una de les principals editorials musicals italianes, va demanar al lletrista napolità Nicola Salerno (*Nisa*) que presentés una cançó a un concurs que feien a la ràdio. Salerno va escriure diferents textos i els va portar a Renato Carosone, que llavors ja començava a ser un artista força popular, i li va proposar que en triés un per posar-hi la música. De les tres lletres que va llegir, la que més va convèncer al pianista va ser «Tu Vuò Fà l'Americano» i, en poc més d'un quart d'hora, va trobar la melodia que millor li esqueia. D'aquella primera col·laboració entre Nisa i Carosone, en va sorgir un gran èxit musical i una productiva relació professional.

La combinació de swing i jazz per la qual va apostar Renato Carosone en aquesta cançó la va convertir en una de les seves peces més conegudes. Les notes inicials interpretades per una secció de vents i enllaçades amb el piano de Carosone són fàcilment reconeixibles i han estat utilitzades en diverses ocasions, tant en versions del tema (com la que va fer Lou Bega en anglès o la del grup australià Yolanda Be Cool) com en bandes sonores de pel·lícules. La que canten en directe Jude Law, Rosario Fiorello i Matt Damon a *The Talented Mr. Ripley* (traduïda al català com a *L'enginyós senyor Ripley*) n'és un bon exemple.

Però més enllà de la seva bona fórmula musical, una de les claus de l'èxit que va tenir «Tu Vuò Fà l'Americano» en aquells anys de postguerra va ser el contingut de la seva lletra. I és que el tema està inspirat en un corrent proamericà que va sorgir després de la Segona Guerra Mundial principalment al sud d'Itàlia, i que va fer que molts joves abandonessin part dels seus costums rurals i adoptessin alguns dels referents socioculturals que arribaven dels Estats Units. Els pantalons texans, el rock-and-roll, el beisbol o les marques de whisky i tabac que triomfaven aquells anys a l'altra banda de l'Atlàntic es van convertir en icones d'una moda que els feia sentir més moderns i interessants. Al llarg dels versos de la cançó se citen alguns d'aquests elements, en un cert to de crítica, però que reflecteix de manera molt gràfica la imatge d'aquesta americanització.

Aquesta conquesta del món a través de l'exportació d'elements propis de la cultura americana era un corrent que feia anys que s'havia anat forjant des de la política. Tenia el seu origen en la doctrina del Destí Manifest, una idea que, tot i no ser batejada encara amb aquest nom, es remunta a l'època de l'arribada dels primers colons al continent i que expressava la creença que els Estats Units eren una nació destinada a expandir-se des de les costes de l'Atlàntic fins al Pacífic. Va ser a partir d'aquest supòsit que el país es va anar annexionant els diferents territoris de l'Amèrica del Nord al llarg del segle XIX i posteriorment s'ha fet servir també per justificar l'expansió fora del continent.

Amb l'arribada de Theodore Roosevelt a la Casa Blanca el 1901, els preceptes d'aquesta doctrina del Destí Manifest es van actualitzar. A banda de legitimar l'intervencionisme polític emparant-se en l'autoadjudicació del rol de garant de la seguretat de tots els països, el president americà va recollir la idea, formada uns anys abans, que els Estats Units tenien un destí especial que havia de compartir amb la resta del món. Una idea que va sintetitzar amb la frase «l'americanització del món és el nostre destí» i que durant la primera meitat del segle XX va servir per conformar un model americà de pràctiques socials i culturals que posteriorment s'exportaria arreu.

Tots els elements propis dels Estats Units a què es fa referència a «Tu Vuò Fà l'Americano» formen part d'aquest imaginari. A la cançó de Renato Carosone tots ells actuen com a reclam per a aquells joves italians dels cinquanta que ràpidament els identificaven en la lletra, al marge del to irònic del tema. Va ser aquesta generació la que va convertir Carosone en un dels cantants napolitans més rellevants de la segona meitat del segle XX. I també la que, entrats els seixanta, amb l'arribada dels Beatles, va fer que el músic es retirés al no poder competir amb aquell nou estil musical que s'imposava procedent del Regne Unit.

107

TUBULAR BELLS
Mike Oldfield

12 de gener de 2017. Mor William Peter Blatty, autor de *L'exorcista*.

Tubular Bells és el primer disc d'estudi de Mike Oldfield. El va compondre quan només tenia 17 anys i el va oferir en forma de maqueta a diverses discogràfiques sense que cap d'elles s'interessés per editar-la. La trobaven massa extensa i el fet que fos instrumental no s'ajustava als paràmetres del que es produïa en aquella època. No va ser fins que el projecte va arribar a mans de Richard Branson que Oldfield va trobar una opció real per publicar el seu treball. Aquell 1973 Branson acabava de crear Virgin Records i la proposta d'Oldfield li va semblar prou interessant per convertir-la en el primer producte d'aquest segell. El temps ha confirmat que la decisió va ser encertada, ja que amb «Tubular Bells», tant el músic com l'empresari es van fer milionaris.

El tema estava presentat com una simfonia estructurada en dues parts en la qual s'anava donant entrada a una gran quantitat d'instruments que, a poc a poc, encaixaven com peces d'una orquestra totalment sincronitzada. L'originalitat de la proposta va captivar el gran públic entre els quals, el director de cinema William Friedkin, que en aquella època estava treballant en *L'exorcista* a partir del guió escrit per William Peter Blatty.

Friedkin no acabava de trobar una banda sonora que encaixés en la pel·lícula. Havia temptejat diversos compositors reconeguts, però no s'havia entès amb cap d'ells. Passaven les setmanes i començava a desesperar-se. Així que al final va decidir anar a l'arxiu sonor de la productora per veure si trobava alguna música ja gravada que pogués copsar l'essència i l'esperit del film. Entre la muntanya de discs que hi havia sobre la taula, va veure la icònica portada de la campana tubular metàl·lica suspesa en un fons de núvols sobre el mar i va decidir agafar-la. Quan va sentir les notes que sortien d'aquell vinil no va tenir cap dubte que aquella era la música del diable que estava buscant.

108

2 MINUTES TO MIDNIGHT
Iron Maiden

16 de març de 1917. Neix l'artista Martyl Langsdorf, autora del *Rellotge de l'Apocalipsi*.

L'agost de 1984, en un dels moments més crítics de la Guerra Freda, la banda de heavy metal Iron Maiden editava un dels seus grans èxits: «2 Minutes to Midnight». El tema reflectia la tensió que en aquell moment es vivia a causa de les complicades relacions entre el món comunista i el capitalista, amb la consegüent por per l'amenaça que en qualsevol moment pogués esclatar una guerra atòmica. La preocupació per una possible confrontació bèl·lica entre l'URSS i els Estats Units un cop acabada la Segona Guerra Mundial, havia fet que el 1947 un grup d'experts de la Universitat de Chicago creés *The Bulletin of the Atomic Scientists*, un informe que diagnosticava la situació mundial segons el nivell de perillositat de les diferents amenaces existents.

Per tal d'il·lustrar gràficament la gravetat del moment, van encarregar a l'artista Martyl Langsdorf el disseny de la portada d'aquesta publicació. Langsdorf estava casada amb un físic que havia treballat al Manhattan Project, el grup d'investigació que a principis dels anys quaranta va intentar desenvolupar la primera bomba atòmica. L'artista, doncs, estava molt conscienciada amb l'amenaça nuclear i va pensar que un rellotge seria la forma més clara de representar la situació d'alerta que calia transmetre. El va batejar com a *Doomsday Clock* (el Rellotge del Judici Final, també conegut com el Rellotge de l'Apocalipsi). I des de llavors, és l'encarregat de marcar de forma metafòrica el temps que faltar per a la fi del món, sent aquesta fita el punt de les dotze d'aquest comptador.

Aquell 1947 l'hora es va fixar a les 23.53 h. I des de llavors, cada any s'ha anat actualitzant a partir de l'anàlisi de la situació. El 1953 el rellotge va arribar al seu punt més delicat quan va marcar les 23.58 h. Aquests dos minuts que faltaven per a la mitjanit venien determinats pel nivell d'extrema tensió que es va viure quan les dues potències van provar la bomba atòmica amb tan sols nou mesos de diferència. Va ser el moment de la Guerra Freda en què les manetes del rellotge van estar més a prop de les 24.00 h. I també l'hora que la banda liderada per Bruce Dickinson va agafar com a referència a «2 Minutes to Midnight» per escriure aquest tema sobre el desenllaç apocalíptic que es temia que podia tenir el món aquell 1984 si les dues potències decidien prémer el botó nuclear.

Al llarg de més de set dècades, les manetes del rellotge s'han continuat movent en funció de la dimensió dels perills que amenacen la humanitat. Durant anys, les armes atòmiques han estat determinants en el seu moviment, però, des de fa un temps, el canvi climàtic s'hi ha afegit com un altre element clau. Aquests dos factors, principalment fruit de les amenaces nuclears de Corea del Nord al Govern de Donald Trump i l'emergència climàtica, van fer que el 2018 el *Doomsday Clock* tornés a marcar aquell històric 23.58 h que va atemorir la població mundial a principis dels anys cinquanta.

El 2019 el context no va millorar i el rellotge va continuar marcant dos minuts per a la mitjanit. I el 23 de gener de 2020 la situació encara va empitjorar. Els responsables de fixar l'hora van alertar que el rellotge arribava a l'hora més pròxima al màxim risc: 100 segons. La creixent amenaça de la guerra de la informació i altres tecnologies disruptives eren els nous factors que s'incorporaven com a elements a considerar en el càlcul del temps que queda per a l'arribada de la fi del món. Pocs mesos després de fixar aquesta nova hora, als dos elements s'afegiria una amenaça inesperada per a tots: la pandèmia de la COVID-19. Els efectes devastadors d'aquest virus arreu del món van fer que, el gener de 2021, el *Doomsday Clock* continués marcant aquests menys de dos minuts per a la mitjanit.

109

VIDEO KILLED THE RADIO STAR

The Buggles

15 de novembre de 1930. Neix l'escriptor James Graham Ballard.

Un noi mut que recorre edificis abandonats amb una aspiradora que absorbeix sons perduts en una ciutat on la música ha estat substituïda per creacions tecnològiques. Amb aquest argument l'escriptor britànic James Graham Ballard presentava el 1960 *The Sound-Sweep*, una història de ciència-ficció publicada al magazine *Science Fantasy*, i que tres anys més tard va incloure en el recull de relats curts titulat *The 4-dimension nightmare*. Poc es podia imaginar l'autor quan va escriure *The Sound-Sweep* que aquell conte ambientat en un món sense música inspiraria, gairebé vint anys més tard, una cançó que esdevindria un èxit mundial: «Video Killed the Radio Star».

La va escriure el músic britànic Bruce Woolley el 1978 per al seu àlbum *Bruce Woolley and The Camera Club* després de llegir la història de Ballard. Aquell escenari buit de notes i acords el va fer reflexionar sobre l'evolució que en aquells anys estava experimentant la creació de melodies amb la incorporació de sintetitzadors i samplers digitals. La revolució tecnològica evolucionava cada cop més de pressa i Woolley tenia la sensació que estava a punt de transformar-ho tot, i que portaria el món cap a un futur que canviaria la vida quotidiana de les persones. Per arrodonir aquesta idea va fixar-se en els reproductors de vídeo, un dels invents que en aquell temps va entrar a moltes cases i que feia pensar que podria arraconar l'hegemonia que la ràdio havia tingut durant dècades.

Quan Bruce Woolley va enregistrar «Video Killed the Radio Star», la cançó va passar força desapercebuda, excepte al Canadà, on va fer-se molt popular. Però convençut del potencial del tema, quan l'any següent Woolley es va incorporar a The Buggles, va proposar a la resta de membres de la banda retreballar-ne els arranjaments i llançar-la amb una nova versió. Al grup, que es va formar en plena eclosió del new-wave i el *synth pop* i havia creat el seu nom a partir d'un joc de paraules entre *bug* (insecte) i els Beatles, li va agradar la proposta i va decidir donar una segona oportunitat al tema, convertint-lo en el seu single de debut. «Video Killed the Radio Star» es va publicar el setembre de 1979 dins de *The age of plastic* i ben aviat es va situar en les primeres posicions de les llistes musicals. Va arribar a ser número u en diferents països, entre els quals el Regne Unit. La cançó es va convertir en tota una icona de l'època, i dos anys més tard el seu videoclip va ser l'encarregat d'inaugurar les emissions de l'MTV. Robert W. Pittman, fundador de la cadena, va explicar que l'elecció del tema en cap cas havia estat casual, sinó que era tota una declaració d'intencions, ja que el que pretenien amb aquesta oferta televisiva especialitzada en música no era competir amb la ràdio, però sí apostar pel canvi radical que suposava el vídeo.

110

VIVA LA VIDA
Coldplay

13 de juliol de 1954. Mor Frida Kahlo.

Si una pintura ha quedat associada a un disc, aquesta és, sens dubte, *La llibertat guiant el poble* que Coldplay va triar per a la portada de *Viva la Vida or Death and all His Friends.* Però el quadre de Delacroix no és l'única referència pictòrica que conté l'àlbum més exitós de la banda que lidera Chris Martin, i la cançó que inspira la primera part del seu títol. D'una manera més subtil, però amb igual força, també s'hi amaga un homenatge a la pintora Frida Khalo.

La vida d'aquesta artista mexicana va estar marcada per la malaltia i el patiment físic. De petita va contreure la poliomielitis i als 18 anys va patir un greu accident de trànsit que la va fer passar per la sala d'operacions en nombroses ocasions i que la va prostrar al llit durant llargues temporades. Vuit dies abans de morir (s'especula que va ser un suïcidi per sobredosi), Khalo va signar la que seria la seva última obra: un bodegó de síndries. Era un quadre que havia pintat amb anterioritat, però, decidida que es convertís en el seu missatge de comiat, va agafar els pinzells i va escriure «Viva la vida» sobre la polpa vermella d'un dels trossos de fruita.

Que una persona que havia patit tant decidís posar aquest toc acolorit i optimista en el seu adeu a la vida li va semblar d'un atreviment tan extraordinari a Chris Martin que va decidir utilitzar la frase per titular una de les cançons en què estava treballant. Així doncs, «Viva la Vida» va acabar convertint-se en la carta de presentació d'un tema de lletra ambientada en la França revolucionària de 1789. De fet, la cançó està escrita com si qui la cantés fos el mateix rei Lluís XVI, qui acabaria executat a la guillotina el gener de 1793.

111

WALK ON THE WILD SIDE

Lou Reed

16 de juliol de 1907. Neix l'actriu Barbara Stanwyck.

L'hivern de 1962 Barbara Stanwyck assumia el repte d'interpretar la primera lesbiana declarada de la història del cinema. Ho feia a *Walk on the Wild Side*, una comèdia dramàtica dirigida per Edward Dmytryk, i en què l'actriu de Brooklyn es posava en la pell de la *madame* d'un bordell que manté relacions amb la favorita de la seva clientela. L'orientació sexual d'aquest personatge, així com el tractament que la pel·lícula fa del món de la prostitució va envoltar l'estrena d'aquest film de polèmica i escàndol entre un públic que no estava acostumat que s'abordessin de forma tan directa qüestions com l'homosexualitat femenina o l'ambient de corrupció i degradació d'un prostíbul.

Just una dècada més tard, Lou Reed va recuperar el títol d'aquesta cinta i la connotació «walk on the wild side», que ja havia arrelat com a expressió popular per referir-se al fet d'endinsar-se en ambients freqüentats per personatges extremats, fins i tot sòrdids, que no encaixen en els patrons estàndards, per a una de les seves cançons més celebrades. Era l'any 1972 i el músic feia dos anys que havia deixat el projecte de The Velvet Underground per iniciar la seva carrera com a solista. El primer disc que va gravar amb versions alternatives de cançons interpretades amb la seva antiga banda havia estat un fracàs, però Reed, en comptes de llançar la tovallola, preparava un nou treball amb David Bowie com a productor que va titular *Transformer.* «Walk on the Wild Side» va ser el single més exitós d'aquest àlbum i segurament de tota la carrera del músic en solitari.

Escrita en primera persona, «Walk on the Wild Side» relata la història de les trobades que l'autor hauria tingut amb diferents persones a la Nova York dels anys seixanta. Transsexuals, proxenetes, prostitutes i tota una col·lecció de personatges que s'identifiquen amb algunes de les estrelles de La Fàbrica de Warhol protagonitzen els versos que Reed va escriure per a aquest tema. És un homenatge irònic i molt gràfic a aquest col·lectiu d'estrelles de la contracultura, que es va desenvolupar a la ciutat durant aquells anys. Concretament, Reed fa referència a Holly Woodlawn, Candy Darlin, Joe Dallesandro, Joe Campbell i Jackie Curtis, presentant-los amb les seves peculiaritats a mesura que va avançant per la cançó com si se'ls anés trobant mentre recorre els carrers novaiorquesos.

Reed presenta tots aquests extravagants personatges amb pretensions artístiques en el seu ambient i destacant les seves excentricitats i addiccions des d'una vessant irònica. La lletra abordava temes que eren força tabú encara a la dècada dels setanta, però segurament a la censura li van passar per alt les múltiples al·lusions eròtiques que s'amagaven entre els versos de «Walk on the Wild Side», la qual cosa va afavorir que, tot i la temàtica, la cançó tingués una bona cobertura des de les emissores de ràdio des del primer moment del seu llançament.

112

WALKING ON THE MOON
The Police

13 de maig de 1938. Neix el compositor alemany Eberhard Schoener.

A principis de 1979, Sting era a Munic visitant el seu amic Eberhard Schoener, un violinista clàssic que la dècada dels seixanta va ser un destacat director de música de cambra i òpera i que a principis dels setanta va començar a experimentar amb sintetitzadors i elements instrumentals asiàtics. Van sortir a sopar plegats i, després d'unes copes de més, el líder de The Police va arribar a l'hotel una mica perjudicat. Abans de caure desplomat al llit, un riff li va venir al cap i per no oblidar-se'n va començar a fer voltes mentre es repetia el ritme d'aquella melodia: «walking on the room» (caminant per l'habitació). L'endemà, al recordar aquelles notes i la frase amb què les havia acompanyat, li va semblar que era una construcció una mica estranya, així que va decidir canviar-la per «walking on the moon» (caminant per la Lluna).

A partir d'aquest títol i el riff que encara li ressonava al cervell, Sting va compondre el que es convertiria en un dels grans singles del segon àlbum de The Police i que es va batejar com a «Regatta de Blanc», en una pseudotraducció del francès de la frase «reggae de blancs». La banda britànica va enregistrar aquest disc en només dues setmanes, un temps rècord de producció que no va ser cap impediment perquè el treball arribés als primers llocs de les llistes del Regne Unit. De fet, Stewart Copeland i Andy Summers han reconegut amb el temps que aquest és el seu àlbum preferit de tots els que van enregistrar plegats.

Per al llançament audiovisual de «Walking on the Moon» els músics es van deixar guiar un cop més per Derek Burbidge, autor de tots els seus primers vídeos, i que en aquesta ocasió va triar un escenari vinculat a la temàtica del títol de la cançó. Així, la banda va desplaçar-se fins al Centre Espacial Kennedy, on van gravar el videoclip a tocar d'un coet Saturn V, un dels vehicles utilitzats als programes Apollo i Skylab de la NASA amb l'objectiu que un dia l'home arribés a caminar sobre la Lluna.

113

WATERLOO

ABBA

2 de desembre de 1804. Napoleó Bonaparte es corona emperador de França.

El 2 de desembre de 1804, en un acte oficiat a la catedral de Notre-Dame, Napoleó Bonaparte s'autoproclamava emperador de França. S'iniciava així el Primer Imperi francès, un període històric que va durar tota una dècada i que va estar marcat pels enfrontaments bèl·lics que el país va mantenir amb la majoria de les nacions europees. La desmesurada expansió que les tropes franceses van voler dur a terme i amb la qual es va aconseguir estendre els límits del domini napoleònic fins a les portes de Moscou va generar un desgast polític i militar tan gran que va acabar precipitant la caiguda de l'Imperi el març de 1814. Napoleó va ser desterrat a l'illa d'Elba, però deu mesos més tard va aconseguir escapar-ne i reorganitzar els seus homes per mirar de recuperar la seva posició en un breu episodi de govern i que va durar tot just un centenar de dies. Aquest intent de restauració de l'Imperi francès va acabar el juny de 1815 quan les tropes angloprussianes comandades pel duc de Wellington van derrotar l'exèrcit napoleònic en una planura propera a la ciutat de Brussel·les.

La desfeta de Waterloo va acabar amb les aspiracions de Napoleó de reprendre el seu somni imperial. I amb el temps aquesta batalla s'ha convertit en tot un símbol del que suposa una derrota definitiva. Precisament aquest sentit figurat aplicat a una rendició amorosa és el que un segle i mig més tard va recollir ABBA a «Waterloo». La cançó utilitza aquest episodi militar com a metàfora d'una dona que, tot i intentar evitar-ho, cau rendida davant un home. Però si bé la lletra relata la història d'una derrota emocional, el que va suposar «Waterloo» per a aquest quartet suec va ser una gran victòria.

S'havien format a Estocolm el 1972 i cansats de noms impronunciables havien decidit batejar la seva banda amb l'acrònim de les primeres lletres del nom de cadascun dels seus integrants: Agnetha, Björn, Benny i Anni-Frid, ABBA. A l'inici no se'ls van prendre gaire seriosament, ja que aquest era el nom d'una coneguda marca de mariscs del país, però ells van apostar per la senzillesa d'aquesta fórmula i així va ser com es van presentar al Festival de la Cançó d'Eurovisió el 1974.

Aquell any el certamen se celebrava al Domo de Brighton, al Regne Unit, i el quartet va anar-hi decidit que aquella fos la plataforma que els donés la visibilitat internacional que buscaven. I ho van fer amb «Waterloo», la cançó amb la qual un parell de mesos abans havien guanyat el Melodifestivalen, el concurs que servia per triar el representant suec a Eurovisió, i que ja havia arribat a les primeres posicions de les llistes musicals d'aquest país.

Van sortir a l'escenari vestits de forma extremada i amb el director d'orquestra disfressat de Napoleó. I tot i que en aquella ocasió la interpretació vocal dels quatre membres d'ABBA no va ser la millor, l'actuació en el seu conjunt va trencar els estereotips del festival i es va endur la màxima puntuació. Era la primera victòria del país escandinau a Eurovisió i ràpidament va convertir-se en el primer èxit internacional de la banda. L'èxit de «Waterloo» va donar-los l'oportunitat de passejar-se pels platós de totes les televisions europees presentant el tema, que ràpidament va anar entrant i escalant llocs al rànquings musicals de diferents països.

Curiosament, tot i que la tornada de la cançó repeteix constantment el nom de la batalla que va suposar la fi de l'imperi napoleònic, «Waterloo» va ser tot un èxit també a França, on no només va mantenir-se durant dotze setmanes a les llistes de referència d'aquest país, sinó que va arribar a situar-se en el tercer lloc. A Bèlgica, a qui actualment pertany la localització que dona nom al tema, va arribar ràpidament al número u, d'on cap altre tema va ser capaç de desbancar-lo durant cinc setmanes.

114

WE SHALL OVERCOME

Bruce Springsteen

22 de gener de 1973. El president americà Lindon B. Johnson mor d'un atac de cor.

El març de 1965, en ple auge del moviment pels drets civils, milers d'americans van participar en les protestes que es coneixen com les marxes de Selma a Montgomery. Els activistes van recórrer els 87 quilòmetres d'autopista que separen aquestes dues ciutats d'Alabama (un estat on el racisme llavors encara hi tenia molta presència) per reclamar la igualtat entre tots els ciutadans del país. Tot i que des de 1964 la legislació reconeixia el dret de sufragi universal i prohibia expressament la segregació racial, les autoritats estatals (en mans de la comunitat blanca) continuaven impedint-ne l'aplicació. Com a resposta a aquesta situació es van organitzar aquestes manifestacions pacífiques, l'impacte de les quals va canviar per sempre la història dels drets civils als Estats Units.

La desmesurada força utilitzada per la policia per contenir les marxes va consternar els milions d'americans que van veure per televisió la duresa amb què els antidisturbis reprimien els manifestants. Aquest fet va desencadenar un moviment massiu de suport a la causa de la igualtat racial per part de diferents col·lectius i figures públiques, que va culminar amb una concentració històrica davant el Capitoli encapçalada per Martin Luther King. Pocs dies més tard, el president Lindon B. Johnson va presentar al Congrés la Llei dels drets dels votants amb un llegendari discurs que va acabar amb la frase «we shall overcome» (vencerem).

L'expressió amb què el cap de la Casa Blanca va tancar la seva intervenció havia esdevingut, i continua sent-ho avui encara, tot un himne del moviment pels drets civils. Les estrofes provenen del títol d'una peça de gòspel composta pel reverend Charles Albert Tindley a principis del segle XX, i que, a poc a poc, es va anar incorporant al repertori de diferents congregacions d'estats de la costa est. El 1946 una dona anomenada Lucille Simmons la va cantar com a tema de protesta en una vaga de les treballadores —totes elles afroamericanes— de l'American Tobacco Company. La força d'aquella interpretació de «We Shall Overcome» va emocionar moltes de les persones presents en aquella convocatòria. Entre elles hi havia la dona de Guy Hughes Carawan, un dels fundadors de l'escola de Highlander Folk School, que ràpidament la va fer arribar al seu marit. Ell va ser qui la va ensenyar als líders de la lluita pels drets civils i la va convertir en la cançó de protesta de referència del moment de les dècades posteriors.

La cançó va ser versionada per nombrosos músics al llarg dels anys seixanta, però segurament els dos artistes que més la van popularitzar van ser els cantants de folk Pete

Seeger i Joan Baez. El primer va tenir un paper clau en l'adaptació del tema com a balada, i la segona va ser qui la va donar a conèixer a escala mundial. Baez va cantar el tema en diverses manifestacions a favor dels drets civils, però destaca la interpretació que en va fer el 1963. Prop d'un milió de persones s'havien concentrat a la gran esplanada del parc de Washington per escoltar Martin Luther King. Joan Baez va pujar a l'escenari amb la seva guitarra i va tocar un «We Shall Overcome» que va ser corejat per tot el públic. Quan va acabar, el reverend King va agafar la paraula i, convençut que efectivament un dia guanyarien, es va dirigir a la multitud amb un discurs que arrencava amb la cèlebre frase «I had a dream...» (He tingut un somni...).

Quatre dècades més tard, Bruce Springsteen va fer la seva versió del tema per a *We Shall Overcome: The Seeger Sessions*, un àlbum en què The Boss va recollir diverses cançons recuperades per Pete Seeger al llarg de la seva vida. Amb aquesta adaptació, la cançó que va esdevenir la banda sonora de la lluita pels drets civils del segle XX estenia el seu missatge a una nova generació d'americans del segle XXI.

115

WEST END GIRLS

Pet Shop Boys

26 de setembre de 1888. Neix el poeta T. S. Eliot.

Pet Shop Boys és una de les bandes de pop electrònic britànic més rellevants. Les seves quatre dècades d'activitat, amb catorze àlbums editats i una llarga llista de premis al seu treball i trajectòria així ho acrediten. Neil Tennant i Chris Lowe es van conèixer als anys vuitanta, quan el primer treballava en el sector editorial i el segon estava acabant els estudis d'arquitectura. Malgrat les seves diferències de personalitat i interessos, tots dos compartien l'afició per compondre cançons i aviat van començar a fer coses plegats com a Pet Shop Boys. Una feina que al cap de ben poc va tenir el seu reconeixement, quan el seu primer single «West End Girls» es va convertir en tot un número u a les principals llistes musicals.

Tennant va començar a escriure la cançó un vespre que era a casa d'un cosí seu a Nottingham. Acabava de veure una pel·lícula de gàngsters antiga protagonitzada per James Cagney quan de sobte la frase d'un dels personatges va captar la seva atenció: «Sometimes you're better off dead, there's a gun in your hand and it's pointing at your head» (De vegades et trobes millor mort, tens una pistola a la mà i t'està apuntant al cap). Aquestes línies de text li van servir com a versos d'inici i a partir d'aquí va encadenar la lletra del tema.

Per a la resta de la cançó es va inspirar en el poema de T. S. Eliot «The Waste Land», un dels textos cabdals de la literatura anglesa del segle XX i en el qual es descriuen diferents cares de la mort. Tennant feia temps que coneixia aquesta obra i havia quedat captivat per les diferents veus que s'hi recollien i que al llarg del poema es presentaven gairebé com una mena de collage. A partir d'aquest concepte i buscant una similitud sonora amb el títol del poema d'Eliot (*Waste/West End*), va escriure la lletra de «West End Girls».

L'estructura de la cançó li va permetre obrir el missatge a diferents personatges com si ho fessin des de les ones de diferents emissores de ràdio clandestines («too many shadows, whispering voices» (massa ombres, veus xiuxiuejant), recita en un moment del tema. A banda d'altres referències a l'obra d'Eliot que s'amaguen en la lletra, Tennant va voler fer un homenatge explícit a l'autor, incloent en la cançó una citació directa de «The Waste Land»: «Just you wait till I get you home» (Només espereu fins que us jo us porti a casa).

L'originalitat de la composició i el so del pop sintètic i hipnòtic de la seva música van donar a «West End Girls» un resultat merescut. El tema es va llançar al mercat com a single el 1984, i un parell d'anys més tard es va incloure a *Please*, el primer disc del duet.

116

WHAT A WONDERFUL WORLD
Louis Armstrong

11 d'agost de 2014. Mor l'actor Robin Williams.

Durant la guerra del Vietnam, un locutor de ràdio de les forces aèries dels Estats Units va ser enviat a Saigon amb l'encàrrec d'entretenir els soldats desplegats a la zona. Es deia Adrian Cronauer i cada matí es posava davant el micròfon des d'on conduïa el programa *Dawn Buster*, i arrencava amb un efusiu «Goooood mooooorning Vietnaaaaaam!» que ben aviat es va fer famós entre les tropes. De fet, aquesta era una fórmula que havia estat utilitzant anys abans a l'illa de Creta on, en un altre espai radiofònic, va començar a saludar l'audiència d'aquesta manera però citant Heraklion, que era l'estació aèria des d'on emetia.

Un cop acabada la guerra, en diverses ocasions se li va preguntar si creia que aquella expressió d'obertura del programa era oportuna en una situació de tensió bèl·lica com la que es vivia llavors al país del sud-est asiàtic. La resposta que Cronauer va donar en una entrevista al cap d'uns anys deixava clar que darrere aquella dosi de motivació matinal hi havia també un missatge que qüestionava alguns aspectes d'aquella guerra: «Eren nois joves amb una calor horrible, travessant arrossars amb mosquits de la mida de camions, traient sangoneres, disparant, lluitant, assassinant i sent assassinats. Així que em vaig preguntar: Vull fer això? Sí, ho faig, perquè si hi ha una certa dosi d'ironia allà, i s'adonen d'això, sabran el que estic dient».

Dues dècades més tard, Barry Levinson va recuperar aquesta història i la va portar al cinema amb una pel·lícula que va titular amb la mítica salutació de Cronauer. La interpretació brillant de Robin Williams en el paper del locutor, li va valer el Globus d'Or al millor actor i la nominació en la mateixa categoria en l'edició dels Oscars de 1987. *Good Morning Vietnam* va ser el primer gran èxit de la carrera d'aquest actor nascut a Chicago el 1951 i que l'11 d'agost de 2014, a l'edat de 63 anys, va ser trobat penjat al dormitori de casa seva. I és que tot i els seus èxits professionals, Williams va tenir una vida personal marcada per les drogues i l'alcohol, unes addicions agreujades per la malaltia neurodegenerativa que se li va manifestar els darrers anys.

Però a banda de marcar la trajectòria artística de Williams, *Good Morning Vietnam* va suposar també el rellançament mundial d'un dels temes inclosos en la seva banda sonora, farcida d'èxits musicals de dècades passades: «What a Wonderful World». El van escriure el compositor George David Weiss i el productor Bob Thiele especialment perquè la cantés Louis Armstrong. I quan aquest la va enregistrar la tardor de 1967, va saber imprimir-hi el seu segell personal amb una interpretació d'un atractiu especial. No obstant això, el tema no va triomfar gens als Estats Units, on no va arribar a vendre ni 1.000 còpies, i únicament va tenir repercussió al Regne Unit, on va aconseguir arribar a encapçalar les llistes de vendes el 1968.

En el moment de la seva composició, els dos autors van voler que el tema fos un antídot contra el tens clima polític i racial de l'Amèrica dels seixanta. Per fer-ho, van apostar per una lletra molt senzilla que descriu la delícia del cantant per les coses simples que veu en el seu dia a dia, mantenint un to optimista i esperançador vers el futur. I precisament aquesta intencionalitat va ser la que el 1987 li va voler donar Levinson quan va rescatar la cançó de l'oblit i la va incloure dins la banda sonora de *Good Morning Vietnam*. La presentació de «What a Wonderful World» feta des dels micròfons de l'emissora militar des d'on Robin Williams s'adreçava a les tropes s'ha convertit en tot un clàssic del cinema i ha quedat associat per sempre més a l'enèrgica salutació que va popularitzar Adrian Cronauer: «Gooooood Mooooorning Vietnaaaaaam!»

117

WHILE MY GUITAR GENTLY WEEPS
The Beatles

11 d'abril del 479 aC. Mor el pensador xinès Confuci.

Confuci és un dels grans pensadors xinesos. Els seus textos estan recollits a *Els Cinc Clàssics*, una sèrie de doctrines recopilades en forma de llibres que guiaven els seus deixebles. Un d'aquests volums és l'anomenat *I Ching*, una obra oracular que bàsicament estableix que tot el que succeeix a la vida està predestinat i que, per tant, passa amb una finalitat concreta.

George Harrison, que des de principis dels seixanta estava fascinat per tota la cultura provinent d'orient, va decidir encomanar-se a aquest relativisme i convertir-lo en punt de partida del seu procés creatiu. Va ser un dia de setembre de 1968 estant a casa de la seva mare a Warrington. Convençut que, tal com apunta aquesta visió, les coincidències no existeixen sinó que tot està relacionat amb el moment en què es produeix, Harrison va decidir escriure una cançó sobre el primer que veiés a l'obrir un llibre. Es va acostar a la prestatgeria, va triar un títol a l'atzar i, tan bon punt la seva vista es va fixar en una pàgina qualsevol, el primer que va llegir va ser «gently weeps» (plora suaument). I a partir d'aquestes dues paraules, va escriure la lletra i va compondre la música de «While My Guitar Gently Weeps».

Al cap de pocs dies, el músic es va plantar a casa el seu amic Eric Clapton i li va demanar que l'acompanyés a l'estudi 2 dels Abbey Road perquè volia que participés en l'enregistrament de la seva nova cançó. D'entrada, Clapton es va quedar molt sorprès, ja que sabia que als Beatles no els agradava gaire que cap altre músic toqués en les seves gravacions. Però Harrison va insistir que aquella era una composició seva i en què volia que ell toqués. Sorprenentment, la resta de la banda no s'hi va oposar. Així que Clapton va afinar la Gibson Les Paul que Harrison anomenava afectuosament Lucy i que li havia regalat feia un mes, i va fer un solo sobre una pista que John Lennon havia gravat el dia anterior.

La interpretació de Clapton va proporcionar a Harrison exactament el que buscava per a aquesta cançó. I és que la forma com va fer plorar i gemegar les cordes de la guitarra en el commovedor solo que va tocar, va dotar el tema de l'element emocional que el lligava amb el títol i donava sentit a tota la peça.

En el tribut que el 2004 diversos músics van fer a George Harrison tres anys després de la seva mort a causa d'un càncer de pulmó, Prince va sorprendre tothom amb un solo apoteòsic en el tram final de «While My Guitar Gently Weeps». Amb aquesta interpretació, i sota l'atenta mirada de Dhani Harrison que els va acompanyar en aquest tema, el músic de Minneapolis va emocionar tothom frasejant sobre la melodia que el beatle havia compost mentre la seva guitarra plorava suaument.

118

WILD WORLD
Cat Stevens

25 de maig de 1951. Neix l'actriu Patti D'Arbanville.

Steven Georgiou va néixer a Londres el 1948 en una família multicultural. El seu pare era grecoxipriota i la seva mare sueca, i aquesta varietat de tradicions va tenir una influència important en el seu desenvolupament artístic. El 1966 va començar a tocar la guitarra en locals de la capital britànica com a Cat Stevens, un nom artístic que va agafar a partir del comentari recurrent que li feia la seva xicota que li deia que tenia ulls de gat. En una d'aquestes actuacions, el manager i productor Mike Hurst va quedar impressionat pel seu talent i li va facilitar la gravació dels seus dos primers singles, que van tenir força èxit. Durant els dos anys següents, va enregistrar-ne alguns més i va sortir de gira amb diversos músics mentre començava a fer-se un nom en l'escena musical britànica. Tot li anava de cara, però el 1969 va contreure una greu tuberculosi que el va obligar a retirar-se durant més d'un any.

Durant la seva convalescència, el músic va replantejar-se alguns aspectes de la vida i la seva espiritualitat. Va iniciar-se en el ioga i la metafísica, es va tornar vegetarià i va començar a investigar sobre altres religions. En aquest període va escriure una quarantena de cançons amb lletres que reflectien la seva nova perspectiva vital i el que volia que la música representés en aquest entorn. En la seva tornada al circuit professional, va canviar de productor i de companyia discogràfica i va enregistrar *Mona Bone Jakon*, un àlbum de folk rock, del qual en va arribar a vendre un milió de còpies. Aprofitant l'èxit d'aquest treball, al cap de pocs mesos, va llançar un àlbum titulat *Tea for the Tillerman*, dins el qual hi ha la que probablement és la seva cançó més coneguda: «Wild World».

El tema està dedicat a Patti D'Arbanville, una actriu descoberta per Andy Warhol quan tot just tenia 13 anys i amb qui Cat Stevens va mantenir una relació intermitent durant un temps. L'actriu va rodar una trentena de pel·lícules i va participar esporàdicament en algunes sèries de televisió com ara *S'ha escrit un crim*, *Nip/Tuck*, *The Sopranos* o *Miami Vice*, en aquesta darrera, va compartir escenes amb qui va ser el seu marit als anys vuitanta, Don Johnson. «Wild World» és potser una de les cançons més tristes que va escriure Cat Stevens i recull el sentiment de desolació del músic davant la ruptura definitiva de la seva relació amb D'Arbanville.

Quan va compondre el tema no el va acabar de convèncer, així que algú del seu entorn el va oferir al jamaicà Jimmy Cliff. La cançó el va entusiasmar i va trucar ràpidament a Stevens per fer-li-ho saber. Durant la conversa telefònica van acabar decidint de gravar-la plegats, cadascú en una pista. Però finalment van acordar llançar el tema per separat i, tot i que la versió de Cliff va sortir tres mesos abans, el «Wild World» de Stevens va tenir molt més èxit i és l'edició que ha acabat passant a la història.

Anys més tard, i arran d'una estada a l'Orient Mitjà, on va descobrir l'Alcorà, Cat Stevens va convertir-se a l'islam. Va canviar-se el nom pel de Yusuf Islam, va retirar-se de la música i durant la major part dels anys vuitanta va viure una vida discreta fora del món artístic. Al final de la dècada, però, va reaparèixer a tots els mitjans de comunicació quan va trencar el seu silenci per manifestar-se públicament a favor de la sentència de pena de mort emesa per l'aiatol·là Khomeini contra Salman Rushdie per la publicació d'*Els Versos Satànics.*

119

WONDERFUL TONIGHT

Eric Clapton

7 de setembre de 1976. Se celebra la primera Buddy Holly Week.

El 1971 Paul McCartney va comprar tots els drets d'autor de Buddy Holly. L'exbeatle sempre havia estat molt fan d'aquest músic texà que va perdre la vida en el fatídic accident aeri que ha deixat marcat el 3 de febrer de 1959 com «el dia que va morir la música». Així que no només va adquirir tot el seu llegat creatiu, sinó que va decidir homenatjar-lo engegant la Buddy Holly Week, una setmana dedicada a recordar la figura del malaguanyat músic a través de diferents actes. Es va posar en marxa el 7 de setembre de 1976, data en què Holly hagués fet 40 anys, i l'èxit de la iniciativa en aquesta primera edició va fer que es continués organitzant anualment fins al 1999.

McCartney havia preparat la inauguració d'aquella primera Buddy Holly Week amb molta il·lusió i sense escatimar recursos. La jornada va començar amb un dinar a l'hivernacle de Holland Park de Londres que donava el tret de sortida a tota una sèrie de commemoracions i concerts que s'organitzarien al llarg de la setmana arreu de tot el Regne Unit. Aquest acte inicial va estar presidit pel manager de Holly, Norman Petty, i va comptar amb convidats com Elton John, membres de Queen, el líder de The Who, Roger Daltrey, el cantautor Stephen Bishop, el guitarrista Denny Laine o Eric Clapton. Aquest darrer hi va assistir acompanyat de qui durant molts anys va ser la dona de la seva vida: Pattie Boyd.

Tot i que era l'esposa del seu gran amic George Harrison des del 1966, Eric Clapton va estar enamorat d'aquesta model i fotògrafa anglesa des del primer dia que la va veure quan ella només tenia 17 anys. A l'inici ho va mantenir en secret, però amb el temps la seva debilitat per ella creixia i el seu amor no correspost es va convertir en gairebé malaltís. A principis dels setanta, el deteriorament de la relació entre Harrison i Boyd arran de les infidelitats i de la deriva mística del músic va encoratjar Clapton a confessar-li els seus sentiments en diverses ocasions. I fins i tot es va atrevir a revelar-li que «Layla», un dels seus grans èxits de 1973, l'havia escrit pensant en ella. Quan el matrimoni finalment es va separar, Boyd va cedir a les declaracions amoroses de Clapton i el 1979, després de gairebé cinc anys vivint plegats, s'hi va casar.

Durant els gairebé quinze anys que van estar junts, la parella va viure una relació turmentosa per culpa de la dependència de l'alcohol que patia el guitarrista. Però aquell dimarts 7 de setembre de 1976 en què se celebrava la jornada inaugural de la Buddy Holly Week, Clapton i Boyd gaudien encara dels temps més dolços de la seva història amorosa. I va ser precisament aquell vespre quan Pattie Boyd va inspirar a Eric Clapton una de les seves millors cançons: «Wonderful Tonight».

Va ser mentre la parella es preparava per anar a la festa organitzada per McCartney. Ell ja estava a punt però ella no acabava de decidir com pentinar-se ni vestir-se per a l'ocasió. Anava emprovant-se roba de l'armari sense trobar res que la convencés, així que Clapton va anar al pis de baix per esperar-la assegut al sofà mentre jugava amb la seva guitarra. Quan finalment Boyd va estar llesta, va baixar les escales escopetejada pensant que Clapton la renyaria. Però en comptes d'això, en veure-la, el músic li va dir que aquell vespre estava preciosa i li va demanar que escoltés la melodia que havia creat en aquella estona que ella havia trigat a arreglar-se. Quan van tornar de la festa, Clapton va agafar de nou la guitarra i va acabar la cançó. Al cap d'un any, el novembre de 1977, la va incloure al que va ser el seu cinquè àlbum d'estudi i que va titular *Slowhand*, i des de llavors es va convertir en un dels grans clàssics del seu repertori. En el seu llibre de memòries, Boyd explicaria anys més tard que «Wonderful Tonight» li portava bons records de la seva relació amb Eric Clapton, però que quan les coses anaven malament, per a ella era una tortura escoltar-lo.

120

YMCA

Village People

6 de juny de 1844. Es crea la Young Men's Christian Association.

Tot i que els Village People es van convertir en una icona del moviment gai dels anys setanta, només l'indi i el vaquer eren homosexuals. I és que aquest va ser un grup dissenyat a mida per Jacques Morali i Henri Belolo, dos músics francesos amb l'objectiu específic d'interpretar les seves composicions d'estil disco i promocionar-les entre el públic homosexual a través dels estereotips més comuns d'aquest col·lectiu. El nom que van triar per batejar-lo fa referència a Greenwich Village, una coneguda zona d'ambient gai de Nova York. Tots aquests elements, juntament amb les peculiars disfresses dels sis integrants del grup i les cançons enganxoses de lletres suggeridores plenes de dobles sentits, van ser els ingredients d'una recepta comercial infal·lible.

Malgrat que el seu segon single, «Macho Man», ja va tenir molt bona rebuda, va ser «YMCA» el tema amb què el producte dels Village People va demostrar ser un autèntic èxit. El van llançar el novembre de 1978 i en poc temps va arribar a la primera posició de les llistes britàniques i a la segona de les americanes. Però no només la cançó es va fer famosa, sinó que el ball característic que l'acompanyava formant les lletres del seu títol una per una amb els braços, encara avui és tot un clàssic i ha arribat fins a les generacions del segle XXI. A l'estadi de beisbol dels New York Yankees, per exemple, just abans de la cinquena entrada de tots els partits que es juguen a casa, els membres del personal a càrrec del camp deixen tot el que estiguin fent en aquell moment per executar els moviments de «YMCA» mentre el públic els anima.

Però a què es referien les sigles del títol d'aquesta cançó? Doncs a la Young Men's Christian Association (YMCA), una de les entitats dedicades a ajudar i orientar joves més antigues que existeixen. Va ser fundada a Londres el 1849 per George Williams, un treballador del sector tèxtil que, veient com les dures condicions laborals de la Revolució Industrial duien molts nois a caure en el joc i la beguda, va decidir crear una organització per donar-los suport. Amb el temps, la YMCA es va anar estenent pels cinc continents, i va ser en els de cultura anglosaxona on més va arrelar.

Ni Morali ni Belolo havien sentit a parlar d'aquesta associació fins que un dia van escoltar aquest nom en boca de Randy Jones, el cantant que interpretava el personatge del vaquer. Jones explicava que quan havia arribat a Nova York el 1975, procedent de Carolina del Nord, s'havia unit a la YMCA de McBurney, al carrer 23, i que allà havia trobat un lloc on socialitzar-se fent esport amb altres joves. La història va despertar ràpidament l'interès dels dos creadors de Village People, que no van dubtar que aquest podia ser un bon punt de partida per a una de les cançons del grup. A l'entitat cristiana no li va fer massa gràcia que el seu acrònim es convertís en himne d'un grup com aquell, però les demandes que van posar contra la banda no van prosperar i finalment van abandonar els litigis. El que està clar és que, tot i que sense voler-ho, «YMCA» ha estat la millor propaganda d'una associació de la qual ja mai ningú oblidarà el seu nom.

121

ZOMBIE

The Cranberries

20 de març de 1993. Un atemptat de l'IRA a Warrington provoca la mort de dos nens.

El 20 de març de 1993 dues bombes van esclatar sense avís previ al centre de Warrington, una ciutat situada al nord-est de Liverpool. Era la tarda d'un dissabte i els carrers estaven plens de vianants que passejaven aprofitant el sol d'aquell cap de setmana de primavera. La primera explosió va causar el pànic i va empènyer la gentada cap a la paperera on hi havia amagat un segon artefacte, que va detonar un minut més tard. L'atemptat va provocar un total de 54 ferits i la mort de dues criatures: Tim Parry, un nen de 12 anys que va morir al cap de pocs dies a l'hospital a causa de les ferides de metralla, i Jonathan Ball, que en tenia 3 i que va morir a l'acte. L'IRA va assumir l'autoria d'aquesta acció terrorista.

La mort d'aquests dos infants va causar una gran commoció tant en la societat anglesa com irlandesa. I el gran desplegament mediàtic que es va fer per donar cobertura a l'atemptat i a les seves víctimes va mobilitzar milers de persones que van alçar la veu demanant la fi de la violència. Una d'aquestes veus va ser la de Dolores O'Riordan que, en estat de xoc per aquella tragèdia, va escriure els versos que acabarien convertint-se en tot un cant antiterrorista i un plany contra la guerra.

La vocalista de The Cranberries, que en aquell moment tot just tenia 21 anys, va començar el tema a casa seva en format acústic i al cap de pocs dies el va compartir amb la resta de la banda. Els sons de guitarra estripada que hi van afegir i el ritme dens acompanyat de la veu característica de O'Riordan alternant greus i aguts, van transformar aquella primera proposta en un dels grans temes del grunge dels noranta.

«Zombie» es va editar dins de *No Need To Argue* al cap d'un any i mig. El disc va arribar a les botigues a mitjans de setembre, pocs dies després que l'IRA anunciés un alto el foc. Malauradament, però, aquesta treva no va durar gaire, ja que el febrer de 1996 diferents grups paramilitars sorgits d'aquesta organització van tornar a sembrar el pànic als carrers amb diferents accions terroristes. I no va ser fins a l'abril de 1998, amb la signatura dels acords de Divendres Sant, que es va aconseguir posar fi al conflicte armat. Durant tot el temps que van durar les negociacions d'aquest procés de pau, «Zombie» es va convertir en l'himne de tots aquells que, farts de tantes morts, reclamaven la fi de la violència als carrers irlandesos i britànics.

Índex

Aquest llibre s'acabà d'imprimir el dia 27 de febrer de 2021, data de naixement, el 1902, de l'escriptor nord-americà John Steinbeck, autor de la novel·la *El raïm de la ira*. Bruce Springsteen va inspirar-se en el protagonista de la història per escriure la cançó "The Ghost of Tom Joad".